KB152946

중국문화재기행총서 1

# 孔子의 고향
# 곡曲
# 부阜를 만나다

리무성 지음
허수현, 왕장강 옮김

국학자료원

서양에서는 소크라테스가 탄생하여 서양 철학의 길이 열었고, 동양에서는 공자가 탄생하여 동양 철학의 길이 시작되었다.

공자는 동양의 정신과 동방 문화의 문을 여는 열쇠이다. 춘추전국시대 노나라의 수도 곡부는 공자의 유가 학설이 탄생했기 때문에 인류 문명의 발상지가 되었으며, 나아가 인류 문화의 중심 중 하나가 되었다.

'곡부'라는 지명은 가장 먼저 〈예기禮記〉에서 보이는데, 동한東漢의 응소應劭는 "노성魯城에 언덕이 있어 구불구불 칠팔 리에 이른다. 그래서 곡부라고 부른다."라고 해석했다. 일찍이 상고上古 (상商·주周·진秦·한漢) 시대에, 인류의 조상이 곡부 일대에 살며 부지런히 일하여 이른 시기에 물질문명을 개척했다. 고고학 발굴 중에 대량의 기원전 4300년에서 기원전 2400년 사이의 '대문구문화大汶口文化'와 '용산문화龍山文化' 유적을 발견했다. 기록에 따르면, 사오천 년 전 이곳은 염제炎帝 신농씨神農氏가 도읍을 삼고 살던 '대정씨의 터大庭氏之墟'이다. 대략 기원전 27세기 말엽, 중국의 인문 시조初祖 헌원황제軒轅黃帝는 곡부의 수구壽丘에서 탄생했다. 황제의 뒤를 이어, 소호少昊가 곡부에 도성을 건설했다. 84년 동안 재위하며 백 세를 살았고 죽어서 곡부성 동쪽 수구 운양산雲陽山에 묻혔다고 전해진다. 중국 고사에 전해지는 '삼황오제三皇五帝(복희伏羲·신농神農·황제黃帝의 삼황과 소호少昊·전욱顓頊·제곡帝嚳·요堯·순舜의 오제)' 중, 4명이 곡부에서 활동한 종적을 남겨 발달된 고대 문명을 열었다. 기원

전 2100년부터 기원전 2001년까지 전후를 곡부는 상고 요순堯舜시대에 구주九州의 하나인 서주徐州에 속했다. 기원전 1600년부터 기원전 1501년까지 후반의 상商대에 곡부는 엄奄나라의 수도였고 한 때는 상 왕조의 도성이기도 하였다. 기원전 106년, 서주周 무왕王이 걸왕을 토벌하고 상나라를 멸망시키고 무왕이 그의 친동생이자 왕국의 재상인 주공단周公旦을 엄땅 곡부에 봉해 '노나라'를 세웠다. "천 년의 예악이 동쪽의 노나라로 돌아오고, 만고의 관리가 공자에게 절한다." 전 세계에 이름난 곡부는 공자와 밀접한 관련이 있다. 이천 년이란 긴 역사의 흐름 중 유가 문화는 점차 중국의 정통 문화가 되었고, 아시아 각 나라에 영향을 끼쳐 동방 문화의 기초석이 되었다.

이곳은 봐도 봐도 싫증 나지 않고, 볼 때마다 새로운 곳이다. 만약 역사의 참모습과 이 땅의 머나먼 미래를 알고 싶다면, 공자와 곡부를 이해해보길 바란다. 성인 공자와 그의 후손들은 어떻게 자기의 삶으로 인류를 위한 등대를 하나하나 밝혀 왔을까? 공자의 곡부로 여행을 떠나본다. 공자와 곡부를 이해하는 것은 곧 넓은 유가사상의 세계로 들어가는 것이다. 이를 통해 우리는 유가사상의 어제와 오늘을 입체적이면서 생동감 있게 이해할 수 있고, 몸과 마음을 찬란한 문명 속에서 씻는 것이자, 중국 역사의 긴 강으로 인도하며, 첩첩한 역사의 산봉우리에 서서 자신감 있게 미래를 전망하고, 미래로 나아갈 수 있게 된다.

성성聖城 곡부 후히랑侯賀良/촬영

# 차 례

## 제1장

# 공자 사상의 큰 바다에
# 배를 띄운다

孔子의고향 곡부를만나다

공자연거상孔子燕居像 명대明代

고금의 학자들은 공자의 사상 체계를 논할 때 '예'는 늘 우선으로 다뤄졌다. 그러나 공자에게 있어 예와 악은 사실상 하나이며, 예가 목적이고 악은 수단이었다. 예악은 춘추 시기 사회 제도 현상을 진실되게 반영하고 있고, 공자 사상 체계 중에서도 객관적인 것을 확인할 수 있다. 국가의 경축 의식에서 국가를 연주하는 것은 일종의 예이며, 여기서의 '예'는 '악'과 떼어놓을 수 없이 하나가 된 것이다. 주례로 대표되는 예는 일종의 제도이며 문물로써 신분, 지위와 교제 등에 있어서의 구체적인 규범이자 문화이다. 그 당시 악과 예는 더 큰 범위와 더 높은 차원에서 더욱 광범위하게 교차하며 융합되었다. 천자, 제후, 사대부 및 그 가족의 허다한 제사 활동에는 언제나 예의 규정과 더불어 악이 짝을 이뤘다. 이 밖에도, 사람들의 일상 생활과 생업 활동에서의 교제 중 특히 당대에 매우 중요하게 여겨졌던 빈번한 외교 활동에는 이러한 종류의 예악의 운용과 융합이 늘 있었다. '오경五經' 중의 하나인 〈시경詩經〉은 시와 음악이 하나로 합쳐진 것으로, 모든 편마다 악보가 있어 읊고 연주하고 부를 수 있었다.

공자의 사상 체계에서 중용 사상은 그의 지혜와 사상을 집중적으로 드러낸 것으로 공자가 처음으로 발견하고 하나의 세계관과 방법론으로 발전시켰다. 그러나 공자 사상에서 가장 핵심적인 부분은 "본인이 존경받고 싶다면 다른 사람을 먼저 존경해 주고, 본인이 도달하고 싶은 목표가 있다면 다

공자성적도孔子聖蹟圖의 문례노담(問禮老聃, 노자에게 예를 묻다) 명대明代

른 사람을 먼저 도달하게 해준다."라는 '인仁'의 정신이다. 그 후 맹자孟子가 공자의 인학仁學 사상을 확대하고 발전시켜 전국시기 중국의 사상을 이끌었다.

공자는 〈추조陬操〉라는 거문고 곡조를 지어 진晉나라의 권신 조간자趙簡子에 의해 죽임 당한 두 명의 현자 두명독竇鳴犢과 순화舜華를 애도했다. 그는 이 애달프고 분한 음악을 지었을 뿐만 아니라 자기의 제자 자공子貢에게 대대로 전해지는 명언을 남겼다. "두명독과 순화, 이 두 사람은 모두 진나라의 재능과 덕망이 있던 대부였다. 조간자가 아직 뜻을 얻지 못했을 때 이두 사람을 의지해 정치를 했다. 뜻을 얻자, 그는 이들을 죽임으로써 정권을 장악하였다. 나는 어떤 지방에서 배를 갈라 태중의 어린 짐승을 죽이면 기린은 그 지역 근처의 들판에는 가지 않으며, 둥지를 뒤엎어 새알을 깨뜨리면 봉황이 그곳에 날아들지 않는다고 들었다. 어째서인가? 군자는 자기의 동족을 해치지 않는다. 이런 금수조차 불의한 행위를 멀리할 줄 아는데 나공구孔丘야 어떻겠는가?"

살육을 반대하고, 무고한 살인에 분노하며, 특히 현자를 살육하는 학정에 반대하는 한 명의 인자仁者로서 공자는 이렇게 우리 앞에 살아 숨쉬고 있다. '인仁'의 개념은 공자가 창조했다고 할 수 있으며 그는 '인'을 충실하게 발전시켜 그의 전체 사상 체계의 근본으로 삼았고, 중국 역사상 처음으로 '인'을 온전한 인본주의 철학으로 성립했다. 〈상서尚書〉는 '인'을 딱 한번, 〈시경〉은 두 번 언급하고, 〈국어國語〉는 스물네 번, 〈좌전左傳〉은 서른세 번 언급했지만 〈논어〉에서는 놀랍게도 총 499단락 중, 58단락에서 '인'에 관한 문제를 다루고 있어, 109번이나 '인'을 언급하며 여러 각도에서 '인'에 대해 자세히 설명했다.

공자의 인본주의 철학을 구현한 '인'은 안으로는 자신을 수련하여 정신과 도덕의 최고 경지인 '군자君子'에 도달하게 하는 것이고, 정치로서의 인은 백성들을 널리 구하는 어진 정치를 베푸는 것이다. 인을 외적으로 표현하자면 바로 주례周禮이다. 교육에서 실현되면 아무도 차별하지 않는 교육, 곧 여러 가지 인성에 부합하는 교육 사상과 교육 방법으로 인간의 균형 있는 발전을 촉진하는 것이다. 인을 실현하는 사상적 방법으로는 '기敧(속이 비면 기울어지고 반쯤 채우면 바로 서고 가득 채우면 넘어진다는 그릇)'로 대변되는 중용中庸으로, 곧 모순과 대립과 통일, 상극相剋과 상생相生 아래서의 집중執中, 중정中正, 중화中和이다. "양 끝을 잡고, 그 중간을 백성에게 쓴다."(〈예기禮記 · 중용〉), "치우침 없이 중심을 잡는다允執其中"(〈논어論語 · 요왈堯曰〉), "남과 어울리면서도 자기 입장을 지킨다和而不同"라고 하여 대립면의 조화와 공존을 유지하고 억지로 대립면 사이의 차이를 제거하지 말 것을 주장했고, "지나쳐서 오히려 도달하지 못함過猶不及"을 경계했다. 공자의 방대한 사상 체계를 간단 명료하게 설명하면 '인'이다. 그리고 이 '인'은 사람을 근본으로 하므로, 그는 "괴력을 가진 잡신들에 대해 말하지 않았고", 유가 학설을 문화의 주류가 되게 했다. 이로써 공자의 인학 정신은 원시적인 도덕 관념에서 실천적 의의와 인문 정신을 가진 철학의 범주로 높아졌다.

먼저 공자는 인간의 욕구와 욕망의 현실성과 정당성을 긍정적으로 보았다. 〈예기〉에서 공자는 이러한 관점을 직접적으로 제기했다. "음식과 이성, 이것은 본디 인류의 가장 기본적인 욕망이다." 이는 〈맹자〉 중의 "식욕과 성욕은 인간의 타고난 본성이다.食色性也"라는 고자告子의 말과 같다. 공자는 "나는 성욕을 좋아하는 것처럼 덕을 좋아하는 사람은 보지 못했다."(〈논어 · 자한子罕〉), 비록 여기서 공자는 인간의 도덕에 대한 애호가 미색美色에 대한 애호처럼 적극적이고 절실하며 주동적이지 않아서 사회 질서가 나날이 어지러워지는 것을 보고 놀라고 있으나, 이러한 공자의 감탄의 전제

는 사람이 '호색好色'하는 것이 합리적이고 자연스러운 것임을 인정하고 긍
정하는 데 있다. 이런 이성에 서로 끌리는 충동, 이러한 미색(위대한 아름다움
이기도 함)에 대한 동경은 선천적인 본성이며 긍정적이고 주동적인 것이다.
여기서 출발하여 공자는 사람들의 공명과 관직에 대한 추구를 정당한 욕망
이라고 보았고, 어느 정도까지는 긍정적으로 여겼다. 만약 그가 "정의로운
나라라면 관리가 되어 봉급을 받는다."(〈논어 · 헌문憲問〉), "나라에 바른 도가
행해지는 데도 가난하고 천하다면 창피한 것이다."(〈논어 · 태백泰伯〉), "군자
는 죽을때가 되었는데도 자기 이름이 알려지지 못할까 걱정한다."(〈논어 ·
위령공衛靈公〉) 등은 모두 사람의 정당한 욕망에 대한 인정과 긍정의 표현이
다. 〈효경孝經 · 성치聖治〉 중의 "하늘과 땅의 본성 가운데 사람이 가장 귀
하다."와 같은 의미이다.

인간이 가진 정당한 욕망의 합리성을 긍정적으로 여겼지만, 공자는 욕망
이 인간과 인성에 가하는 상해도 보았다. 아마도 세계에서 처음으로 사람
이 '이화異化(달라진다)'된다는 관점을 제기한 사람은 공자일 것이다. 공자가
지었다고 하는 〈악樂〉은 전해지지 않으나, 〈예기〉중의 〈악기樂記〉는 〈악〉

의 일부분으로 여겨진다. 바로 이 〈악기〉 중에 이런 말이 있다. "사물은 사람을 크게 감동시키지만, 사람이 좋아함과 싫어함을 절제하지 못하면, 사물이 더 위에 있게 되고 사람은 사물처럼 되버린다." 사람의 욕망에 절제가 없기 때문에 "사람이 사물이 되게人化物"하고 사람이 사물에 의해 달라지게 되거나 또는 사람이 본성을 상실하여 사물처럼 된다고 한다. 여기서 출발하여 공자는 더 나아가 "다른 사람을 세운다.立人"는 주장을 제기했다. "자기가 서고자 한다면 사람을 세우고, 자기가 이르고자 한다면 다른 사람을 이르게 한다."

'인'에 대한 설명 중 가장 유명한 것은 "번지가 인을 묻다.樊遲問仁"라는 일화이다. 번지라는 제자가 유명해진 것은 현명한 여러 번의 물음 때문이다. 그는 스승에게 농작물과 채소를 심는 도리에 대해 물어 스승의 불만과 비난이 섞인, "나는 농부가 아니다.", "채소 농사 짓는 농부가 나보다 낫다."라는 대답을 얻었다. 그러나 그는 '인仁에 대해 물음'으로써 스승으로부터 자신의 이름을 세상에 길이 남기게 된 대답을 들었다. 가장 대표적인 일화는 "번지가 '인'을 묻다."로, 이 물음에 공자는 "다른 사람을 사랑하라."라고 대답했다. '지혜知'에 관해 묻자 공자가 대답했다. "다른 사람의 사람됨을 파악하라.(〈논어 · 안연顏淵〉) 여기서는 먼저 '인'을 묻고 그 다음에 '지혜'를 물었다. 또 한번은 번지가 먼저 '지혜'를 묻고 그 다음에 '인'을 물었다. 이것이 "번지가 지를 묻다樊遲問知"이다. 공자는 "백성들이 의로움에 이룰 수 있도록 힘쓰고, 귀신은 공경하되 멀리해야 한다면 지혜롭다고 할 수 있다."라고 했고, 인을 묻자 "인자라면 먼저 어려운 일을 처리하고 그 다음에 성과를 거두는 일을 한다. 그러면 어질다고 할 수 있다."(〈논어 · 옹야雍也〉) 여기서 공자는 '지혜'를 '인'의 틀 아래에 두었다. 귀신을 공경하되 멀리해야 한다. 그러나 백성을 전심으로 잘 다스려야만, "사람들이 의로움에 이를 수 있도록 힘써야"만, 비로소 "먼저 어려움을 해결하고 나중에 수확하여" 성과를 얻게 된다. 맹자는 여기에 더 명확한 논설을 추가했다. "어진 사람은 다른 사람을 사랑하고, 예를 갖춘 사람은 다른 사람을 공경한다. 다른 사람을 사랑하는 사람은 다른 사람도 항상 그를 사랑하고, 다른 사람을 공경하는 사람은 다른 사람도 항상 그를 공경한다."(《맹자·이루하離婁下》) 한유韓愈의 "널리 사랑함을 인이라고 한다.", "인이 뿌리고, 사랑은 싹이다.", "인은 사랑의 이성화된 모습이고, 사랑은 인이 발휘된 것이다. 인은 사랑의 본체이고, 사랑은 인을 표현하는 방법이다."라는 말과도 의미가 같다.

'다른 사람을 사랑하는愛人' 것의 출발점은 사람과 인격에 대한 최소한의 존중으로, 신분이 귀하다고 비천한 사람을 모욕하지 않고 높은 지위로 낮은 사람을 괴롭히지 않는 것이다. "한 그릇의 밥과 국 한 그릇이 있다. 이것을 얻으면 살아갈 수 있으나 못 먹으면 굶어 죽게 된다. 그러나 가축을 대하는 태도로 소리치며 준다면 여행길에 지친 사람이라도 받지 않을 것이다. 발로 밟은 후에 다른 사람에게 준다면 거지라도 먹으려 하지 않을 것이다."(《맹자·고자》) "사람이 도를 크게 할 수 있지, 도가 사람을 크게 만드는 것이 아니"라는 인간을 모든 것의 근본으로 삼은 대표적인 주장이다.

'다른 사람을 사랑하는 것'은 생명을 소중히 여기는 것이다. 중국의 상고 사회에는 매우 잔인한 순장제도가 있었다. 노예, 부녀 등 살아있는 사람을, 어떤 때는 매우 많은 사람을 죽은 귀족과 함께 묻었다. 사회가 진보하면서 살아있는 사람은 점차 살아있는 가축으로 대체 되었다. 공자가 살던 춘추 시기가 되자 살아있는 사람의 순장은 극히 드문 일이 되었고, 흙으로 빚은 도용陶俑을 넣는 방법이 실행되었다.

공자는 도용을 쓰는 것조차 단호하게 반대했고 혐오했다. 그는 도용으로부터 생명을 경시하는 피비린내를 맡은 것 같았다. 그는 심지어 이런 순장

공자성적도孔子聖蹟圖의 인번거로(因膰去魯, 제례가 어지러워져 노나라를 떠나다) 명대明代

孔子의고향곡부를만나다

제도를 저주했다. "도용을 묻기 시작한 사람은 후손이 끊어질 것이다!"(《맹자·양혜왕상梁惠王上》) 가장 먼저 사람 모양의 도용을 순장한 사람은 덕이 부족하니 후손이 있을 리가 없다. 공자는 화가 나면 욕을 잘 했는데, 매우 심하게 욕을 했다.

사람과 인격을 존중하고 생명을 소중히 여기는 데에서 더 나아가 공자는 "사람을 세운다立人"라는 주장을 했다. 이것은 공자의 사람에 대한 재발견일 뿐만 아니라, 사람에 대한 관심, 주목, 사랑을 표현한 것이다. 번지가 인을 물을 때, 공자는 다른 사람을 사랑하라고 대답한 후, 번지가 미처 그 의미를 완전히 깨닫기도 전에 한 단계 더 나아간 주장을 펼쳤다. "정직하고 재능이 있는 사람을 선발하여, 사악한 소인의 위에 두어야만 정직한 사람이 능력을 발휘할 수 있고, 사악한 소인이 정직하게 변하도록 '몰아갈' 수 있다." 그리고 이로써 사회에 정직하고 건강한 분위기가 생겨나 사회의 진보와 발전을 촉진한다.

이것은 '인仁'에 관한 또 다른 중요한 명제와 연관이 있다. 그것은 바로 통치자에게 '어진 정치仁政'를 실행하라고 호소하는 것이다. 이 "어진 정치"

의 핵심은 '백성'에 대한 인정과 존중 그리고 애정이다.

　이 문제에 관해 설명하는 가장 중요한 일화가 몇 개 있다.

　어느 날 중궁仲弓이 인에 관해 묻자 공자는 이렇게 대답했다. "반드시 사람을 평등하게 대하고 문을 나서면 귀빈을 만나러 가듯이 정중하게 하고, 백성을 부릴 때는 중대한 제사 의식을 지내는 것처럼 엄숙하고 신중하게 해야 한다. 자기가 좋아하지 않는 일은 다른 사람에게 강요해선 안 된다. 제후국에서 관리가 되면 하늘을 원망하고 사람을 비난하지 말고, 경卿과 대부大夫의 집에서 가신이 되어도 하늘을 원망하고 사람을 비난하지 말아라."(〈논어·안연〉) 여기서 공자는 자기의 제자에게 모든 사람을 평등하게 대하라고 가르치며 자신이 먼저 좋은 모범을 보였다. 이 중궁은 바로 염옹冉雍으로 성은 염冉이고 이름이 옹雍이며 자字는 중궁이다. 비록 그는 출신이 미천했고 아버지는 '천한 사람'이었으나, 공자는 그의 출신 때문에 그를 푸대접하지 않았고, 오히려 그를 자신의 가장 자랑스러운 열 제자의 하나로 뽑았다. 그리고 "옹야는 군주의 자리에 앉을 만하다."라고 크게 칭찬하며 그가 관리가 될 만한 자질을 갖추었고, 관리가 되어 나라를 다스릴 만하다고 말했다. 공자는 덕과 재능을 겸비한 제자가 사회에서 크게 기용되지 못하는 것을 불평했다. "밭을 가는 얼룩소의 새끼라도 털이 붉은 색을 띠고 뿔도 가지런하다면, 비록 사람들이 그의 출신이 비천하다고 해서 그를 제사의 제물로 쓰지 않으려 해도, 제물을 받는 산천의 신이 그를 버리겠는가?"(〈논어·옹야〉) 중궁은 늘 스승과 마음이 잘 통했다. 〈논어·옹야〉에 중궁은 인에 대해 스승과 비슷한 주장을 남겼다. "평상시엔 조심스럽게 살다가 일을 할 때는 대범한 태도로 사람을 대하면 괜찮지 않습니까? 일상에서 대범하게 살다가 일을 할 때도 대범하다면 너무 지나치게 대범한 것이겠죠?" 이것은 큰 제사를 지내듯이 엄숙하고 진지하게 백성을 대하는 것일 뿐만 아니라, 행정을 간소하게 하여 백성을 수고롭게 하지 않는 사랑의 마음을 담고 있었기에, 공자는 바로 칭찬했다. "중궁의 말이 일리가 있다."

또 한 번은 자공과 공자가 인仁에 관해 대화를 나눴다.

자공은 정말 공자의 수제자라고 할만 했다. 그는 높은 차원의 문제를 제기할 줄 알았고, 스승의 마음속 깊은 곳으로부터 공감을 얻어냈다. 그가 스승에게 물었다. "만약 어떤 사람이 백성들을 널리 유익하게 하고, 많은 사람을 잘 살게 할 수 있으면 어떻습니까, 어질다고 할 수 있습니까?" 자공의 질문은 스승을 감동시켰다. 공자가 바로 대답했다. "널리 많은 사람을 구제할 수 있으면 어찌 어질다고만 할 수 있겠는가, 그것은 분명 성인의 덕聖德이다. 요임금과 순임금에게도 어려운 일일 것이다. '인'이라 함은 자기를 바로 세워 성공할 수 있을 뿐 아니라, 다른 사람도 세워서 성공하게 하고, 자신의 일을 잘 되게 할 뿐 아니라, 다른 사람의 일도 잘 되게 하여, 자기를 미루어 남을 대하는 것이 '인'을 실천하는 방법이다."

여기서 공자는 사람이 바로 '인'의 기준이라는 매우 중요한 명제를 끄집어 냈다.

선사수식회(先師手植檜, 공자가 손수 심었다는 회나무)

공자수과도孔子授課圖

　"널리 백성에게 혜택을 주어 많은 사람을 구제한다."는 공자가 일생 동
안 품은 포부였다. 이 포부는 〈논어·공야장公冶長〉에서 안연, 자로子路와
스승의 대화 중에 다시 한번 드러난다. 제자들이 옆에 있으면 스승은 언제
나 연구하고 가르쳤다. 이번에는 스승이 그들 두 명에게 각자의 포부를 말
하게 했다. "각자 자기의 뜻을 말해 보거라." 자로는 솔직한 성격이어서 재
빨리 대답했다. 그는 즐겁게 자기의 수레와 말, 의복과 비단 두루마기를 친
구와 함께 사용하고, 쓰다가 망가뜨려도 조금도 아까운 마음이 없는 것이
라고 말했다. 안연의 포부는 자신의 장점을 자랑하지 않고, 힘든 일을 다른
사람에게 맡기지 않는 것이었다. 자로는 늘 마음속에 스승에게 아들이 아
버지를 대하는 것 같은 진실한 애정을 품고 있었는데 거기에 급한 성질까
지 더해져 이번에는 스승과 제자의 한계를 뛰어넘어 직설적으로 스승에게
질문했다. "저희들 포부 말고, 선생님의 포부는 무엇입니까?"

　이때, 공자는 후대 사람들이 모두 외우고, 마음이 뜨거워지는 12글자를 말했다. "나이든 사람은 편안하게 해주고, 친구들은 서로 신뢰하게 하며, 젊은이들은 모두 돌봄을 받게 하는 것이다."

〈논어〉에서 제자들이 이렇게 '인'에 관해 스승에게 물은 예는 아주 많아, 인이 공자의 사상 중에서 핵심적인 지위를 차지하고 있는 것을 볼 수 있다. 제자 자장子張이 인에 관해 묻자 공자가 "천하에 다섯 가지를 행할 수 있는 사람은 어질다고 할 수 있다", "공손함恭, 관대함寬, 신용信, 민첩함敏, 자혜로움惠. 공손하면 타인에게 업신여김을 당하지 않고, 관대하면 사람들이 옹호하고, 신용이 있으면 크게 쓰임 받고, 민첩하면 뛰어난 공적을 쌓으며, 자혜로우면 다른 사람을 이끌 수 있다."(〈논어 · 양화陽貨〉). 이 중에서 가장 중요한 것은 일은 성실하고 근면하게 하며, 백성에 대해서는 너그럽고 친절한 것이다. 요새 말로 말하자면 정무에 힘쓰고 국민을 위하는 것이다. 이것은 〈예기 · 악기〉에서 말하는 "인으로써 백성을 사랑하고, 의로써 백성을 바르게 하면 백성을 잘 다스릴 수 있다."와도 같다.

'인정仁政'이란 말은 맹자가 가장 먼저 사용했으나, 시작은 공자부터였다. "정치는 덕으로써 해야 한다.爲政以德", "어진 사람을 임용하고 간언은 받아들인다.用賢納諫", "널리 많은 사람에게 베푼다.博施於衆", "일을 진중하게 하여 믿음을 얻고 아껴 쓰고 사람을 사랑하며 백성을 부릴 때는 때를 가려야 한다.敬事而信,節用而愛人,使民以時", "정직한 사람을 뽑아 비뚤어진 사람 위에 둔다擧直錯諸枉" 등, 공자는 인정을 실시하고, 백성을 선대하라는 주장을 반복적으로 분명하게 드러냈다. 자공이 정치에 관해 묻자 공자가 대답했다.

"넉넉한 식량과 충분한 군사력, 백성의 신뢰이다." 자공이 또 물었다. "이 중에서 반드시 하나를 빼야 한다면 무엇을 먼저 빼야 합니까?" 공자가 대답했다. "군사력를 뺀다." 자공이 다시 물었다. "이 중에서 하나를 빼야만 한다면 어떤 것을 먼저 빼야 합니까?" 공자가 말했다. "식량을 뺀다. 사람은 모두 죽게 마련이다. 하지만 백성의 신뢰를 잃으면 나라 자체가 제대로 서지 못한다."(〈논어·안연〉) 공자는 여기에서 통치자에 대한 민중의 신임을 정권의 가장 중요한 기초로 보았다. 모두가 잘 알듯이, 〈논어〉에서 공자가 가장 많이 말한 '인仁'을 빼면 바로 '군자君子'이다. 한 번은 자로가 스승에게 어떻게 해야 군자가 될 수 있는지 물었다. 스승이 말했다. 자기의 수양하여 다른 사람을 공손히 섬긴다. 자로가 말했다. "이렇게만 하면 됩니까?" 스승이 자로에게 다시 말했다. 자신을 수양하여 다른 사람을 편안하게 한다. 자로는 스승이 군자에 대한 더 깊이 있는 생각을 갖고 있는 것 같아 다시 물었다. "이렇게 하면 됩니까?" 이때, 공자는 자로에게 군자로서의 최고의 기준을 말했다. 자기를 수양하여 백성을 편안하게 하는 것으로, 이것은 아마 요임금과 순임금이라도 실행하기 어려울 것이다."(〈논어·헌문〉) 이것은 바로 공자가 〈논어·위정〉편에서 말한, "만약 덕으로 정치를 할 수 있다면, 마치 북극성은 움직이지 않고 그 자리에 있지만 다른 여러 별들이 중심으로 기쁘게 복종하는 것과 같다."

당시에 주邾나라는 작은 나라가 있었다. 군주는 주문공邾文公으로, 바로 공자가 주장했던 "자신을 수련하여 백성을 편안하게 한" 보기 드문 군주였다. 〈좌전左傳·문공文公 13년〉중에는 한 감동적인 기록이 있다.

주문공 즉위 52년에 역繹 땅(지금의 산동 추성 근처)으로 천도하기 위해 길흉화복을 점쳤다. 사관이 그에게 수도를 역으로 옮기면 백성에게는 이로우나 군주에게는 좋지 않다고 말했을 때, 이 작은 나라의 군주는 놀랍고도 위대한 말을 했다. "백성에게 이로운 것이 나에게도 이익이다. 하늘이 백성을 낳고 그들을 위해 군주를 세운 것은 그들을 섬기게 하여 그들에게 이익을 주기 위한 것이다. 백성에게 이롭다면 나는 찬성한다." 신하들이 역으로 옮기지 않으면 오래 살 수 있다고 말하자, 이 작은 나라의 군주는 다른 권력

구룡주九龍柱

공자행교상孔子行敎像 청대淸代

자들과 아주 다른 대답을 했다. "사는 것은 백성을 돌보기 위함이다. 일찍 죽고 늦게 죽는 것은 하늘에 달렸다. 백성에게 이롭다면 수도를 옮겨야 한다. 이것보다 더 길한 것은 없다." 그리하여 역으로 천도했다. 5월에 주문공이 죽었다. 어떤 군자가 말했다. "그는 하늘의 뜻을 안다. 이 작은 나라의 군주는 행동하는 사람이었다. 그는 말 한 대로 바로 역으로 천도했다. 비록 작은 나라의 군주이나, 우리에게 "정말 백성에게 이롭기만 하다면, 과인에게도 이로운 것이다.", "하늘이 먼저 백성을 내고 임금을 세운 것은, 그들을 이롭게 하기 위함이다.", "천명이 백성을 기르는데 있다命在養民"등의 백성을 근본으로 하는 위대한 교훈을 남겨 주었다. 글 중에 그를 "하늘의 뜻을 안다知命"라고 칭찬한 군자는 바로 공자라고 한다. 이로 보아, 공자의 "하늘의 뜻을 안다.知天命", "하늘의 뜻을 두려워한다.畏天命" 중에서 말하는 하늘의 뜻에도 "사명이 백성을 기르는데 있다.命在养民"라는 요소가 담겨 있다고 할 수 있다.

그러나 공자는 구호를 잘 외치는 사람은 아니었다. 그는 심지어 "교묘한 말과 아첨하는 얼굴빛은 인이 적다."라며, 큰 소리만 치는 사람들을 혐오했다. 인仁의 경지에 도달하려면 내적 성찰과 지치지 않는 실천이 필요하다. "오곡五穀은 종자 가운데서 좋은 것들이다. 하지만 잘 여물지 않는다면 비름과 피만도 못하다. 인仁역시 그것을 여물게 하는 것이 중요하다."(〈맹자·고자〉) 〈채근담菜根譚〉에는 이런 말이 있다. "한 사람의 부귀와 명예가 도덕의 기초 위에 세워졌다면, 숲 속의 꽃처럼, 자연스럽게 피어나고 끊임없이 번성하지만, 공로에서 온 것이라면 화분의 꽃처럼 옮겨졌을 때 시들 수도 잘 자랄 수도 있으며, 권력 위에 세워졌다면 뿌리가 빠르게 시들어버린다." 이것과 공자가 말한 군자는 "말은 더디지만 행동은 민첩하다.訥於言而敏於行"와 완전히 일치하는 것이다. 진정한 군자는 원칙이 얼마나 요란한가에 있지 않고, 외치는 '사상思想'에 있지 않고 바로 행동에 달려있다. 공자의 행동은 그가 말한 것보다 훨씬 훌륭했다.

〈논어·위령공〉 중에 공자가 한 맹인 악사를 접대한 이야기가 기록되어 있다. 그는 대악사大樂師로 춘추시대에 상당히 중요한 일을 담당했다. 왜냐하면 그 때는 예악 문화를 특별하게 중시했기 때문이다. 면冕이라는 이름의 악사가 공자를 만나러 왔다(아마도 음악과 예법에 관해 물으러 왔을 것이다). 공자가 나와서 그를 맞이하고, 계단을 오를 때는 그에게 발 아래 계단이 있다고 알려주었다. 앉고 나서 공자는 또 일일이 좌중의 사람들을 소개하고 모든 사람의 위치까지 앞에 있는지 오른쪽에 있는지 왼쪽에 있는지 면에게 정확하게 알려주었다. 악사 면이 떠난 후, 제자 자장이 스승에게 물었다. "이것이 맹인 악사에게 말하는 방식입니까?" 공자가 말했다. "그렇다. 이것이 악사를 돕는 방식이다."

남회근南懷瑾 선생은 일전에 석가모니의 한 이야기를 들어 공자와 대조했다. 석가모니의 한 제자는 맹인이었으나, 그는 자기의 옷을 직접 꿰맸다. 어느 날 그는 옷을 꿰매고 싶었다. 하지만 바늘 구멍을 찾지 못해 실을 꿰지 못했다. 계속 실을 꿰지 못하자, 초조해져서 그는 거기서 큰 소리로 다른 제자들에게 도움을 청했다. 그러나 한 무리의 나한들은 모두 좌정하여 수련만 계속하고 그를 도와주지 않았다(도와주고 싶은 사람도 있었지만 집중력이 없다는 소리를 들을까 염려하거나 의지가 부족했을 것이다). 그러나 이때, 석가모니가 자리에서 일어나 내려와 그 앞 못 보는 제자를 도와 바늘에 실을 꿰어 그에게 건네주며 옷을 어떻게 꿰매야 하는지 알려주었다. 맹인인 제자는 스승의 목소리를 듣고 불안해하며 말했다. "어떻게 선생님께서 친히 오셨습니까?" 석가모니가 말했다. "이것은 내가 마땅히 해야 할 일이네." 말을 마치고 다른 학생들에게 그들이 해야 할 일은 바로 이런 일로, 장애가 있는 사람과 고통 당하는 사람이 있으면 반드시 도와줘야 한다고 말했다. 사람을 대하는 태도에서 공자와 석가모니는 모두 같은 경지에 있었다.

거대한 시간과 공간을 뛰어넘는 이 연민의 마음이 인류의 문명을 지탱해 오지 않았겠는가?

공자의 이런 '작은 일'은 아주 많다.

> 만약 상복을 입은 사람, 모자를 쓰고 예복을 입은 귀족과 맹인을 보면 그들이 젊더라도 공자는 바로 일어났고, 그들 곁을 지나갈 때면 반드시 몇 걸음 앞서 지나갔다. 子見齊衰者,冕衣裳者與瞽者,見之,雖少,必作,過之必趨
>
> 〈논어·자한〉
>
> 공자는 가족을 여읜 사람 곁에서 밥을 먹을 때 배불리 먹지 않았다. 공자는 만약 눈물을 흘린 날이면 노래를 부르지 않았다. 子食於有喪者之側,未嘗飽也.子於是日哭,則不歌
>
> 〈논어·술이述而〉

얼핏 보면 간단해 보이고 쉬워 보인다. 그러나 자세히 생각해보면 그리 간단하지 않다. 이것이 가장 진실된 동정심을 가진 공자를 이천여 년의 시간이 지나도 생생하게 살아있게 만들었다. 약자를 동정하면서 존중했다. 마음이 맑은 거울 같은 공자는 그의 맑은 마음으로 보통 사람의 고통을 비췄고, 진지한 마음으로 세심하게 살폈다. 그는 가족이 죽은 사람을 만나면 동정심이 솟아나와 엄숙해지지 않을 수 없었다.

상례중인 무리를 지날 때면 구경거리 보듯이 멈추지 않고 몇 걸음 빨리 가서 그들의 슬픔과 괴로움을 방해하지 않았다.

맹인을 대할 때도 역시 그랬다. 이것은 일종의 연민으로 처지를 바꾸어 생각해야만 이렇게 할 수 있다. 말하기는 쉽지만 실제로 실천하려면 어렵

공자가 제자를 가르치는 모습 孔子 敎學場景

다. 사회에서 풍파를 겪고, 또 시대가 지나면 사람의 마음은 점차 무덤덤해진다. 모자를 쓰고 예복을 차려 입은 귀족에게도 역시 이렇게 대했다. 나는 이것이 공자가 단순히 그 사람에게만 이런 것이 아니라, 그의 모자와 의복이 국가 제도를 대표하고, 국가를 상징하는 의미가 있기 때문에 엄숙하게 행동한 것이라 생각한다.

공자는 다른 사람보다 풍파를 많이 겪었다. 그러나 그의 마음은 오히려 점점 온화해졌다.

친구가 죽었으나 염을 해줄 사람이 없자 공자는 "장례는 제가 맡겠습니다." 라고 했다.(《논어·향당鄕黨》)

노나라에서 대사구大司寇를 지내던 공자는 이미 상당히 잘 살게 되었다. 공자는 부유해졌지만 어진 마음은 바뀌지 않아서 자기의 마굿간이 불에 탔어도, 그는 사람이 다쳤는가만 묻고 말에 대해선 묻지 않았다.(《논어·향당》)

그의 이러한 관심은 본능적이자 수양한 것으로, 감독하는 언론, 상사의 규정, 군중의 눈도 아닌, 그는 단지 '사람'만을 그의 마음에 두었다. 동한東漢의 유관劉寬(태위太尉를 지낸 적이 있음)이 조정에 나가려 할 때, 그의 부인이 남편이 과연 소문처럼 너그러운지 시험해 보려고 시녀를 시켜 그가 의복을 갈아입을 때, 뜨거운 죽을 그의 깨끗한 의복에 쏟게 했다. 생각과 다르게 유관은 화도 내지 않고 시녀에게 친절하게 물었다. "죽이 이렇게 뜨거운데, 손은 안 데었느냐?"

어진 사람仁人이 있으므로, 인애仁愛의 불은 꺼지지 않는다.

사람에 대해서만이 아니라, 새를 대할 때도 공자는 똑같이 인애仁愛의 마음을 베풀었다. 〈논어 · 술이〉에는 이런 기록이 있다. "공자는 낚시는 했지만 그물은 쓰지 않았고, 화살은 쏘았지만 둥지의 새를 쏘지는 않았다." 공자는 아침부터 저녁까지 배우고 가르치고 생각만 한 것이 아니라, 낚시와 사냥 등 많은 취미를 갖고 있었다. 그러나 그의 낚시와 사냥은 다른 사람들과 달랐다. 낚시는 말 그대로 낚시일 뿐 큰 그물을 사용하지 않았다. 공자가 이유를 말하지는 않았지만, 그러나 그 뜻은 아주 분명하다. 큰 그물을 던지면, 큰 물고기 뿐만 아니라 작은 물고기와 새우까지 한번에 잡아 올리게 된다. 그는 마음이 조금 약했다. 너무 작은 물고기는 마땅히 물에서 더 자라야 하고, 게다가 그물이 많아져 물고기가 줄어들면, 물이 활기를 잃고 적막해진다. 사냥할 때는 활을 잘 쏘았던 공자는 둥지로 돌아가는 새와 이미 둥지에서 쉬는 새를 쏘지 않았다. 새집으로 돌아가는 새는 종종 입에 벌레를 물고 있는데, 이때는 갓 부화한 새끼 새가 먹이를 기다리고 있는 경우가 많았다. 어미 새를 쏘면, 둥지 안의 새끼 새는 굶어 죽게 된다. 또 새가 둥지로 돌아가 한 가족이 모여 화목하게 지저귀고 있는 중에 한 마리라도 쏘게 되면 비극이다. 이것도 공자의 마음을 약하게 만든다. 공자로부터 유래된 이 일화는 훗날 민간의 격언이 되었다. "그대여 봄의 새를 쏘지 마세요, 새끼가 둥지에서 어미새가 돌아오길 기다리고 있어요."

인과 인의 실천을 제창한 사람은 반드시 사회와 집권자에게 깨어 비판하는 입장을 견지한다. 이것은 지식인의 본성이자 기본이 되는 입장으로 지식인의 순도를 검사하는 시금석이다. 이 점에서 공자는 좋은 모범을 되었다. 장사시長沙市 중학교의 림림林林이라는 고등학교 3학년 학생이 〈먼 곳으로 떠난 공자遠行的孔子〉라는 문장을 써서 예리하게 지적했다. "공자의 거대한 힘은 국가 정국의 부패에 대한 불만에서 나온 것이며, 주나라 예절을 회복시켜 유토피아를 건설하는 것이 목표였다."

확실히 공자는 깨어있는 지식인이었다. 그는 처음으로 통치자들이 벌벌 떠는 "군주민수설君舟民水說(임금은 배, 백성은 강물과 같아서 강물은 배를 띄우기도 하지만 뒤집을 수도 있음)"을 주장했다. 노애공魯哀公의 질문에 그는 이렇게 대답했다. "임금은 배이고, 백성은 물 입니다. 물은 배를 띄우기도 하지만 배를 뒤집기도 합니다. 그대가 이 위험성을 헤아려본다면, 위기가 오지 않게 해야 하지 않겠습니까?"(〈순자荀子 · 애공哀公〉)

〈사기史記〉에는 '군주민수설'을 목격한 증언이 있다. "소왕昭王은 덕이 없었는데, 남쪽으로 길을 떠나 한漢강을 건널 때, 뱃사람이 그를 싫어하여 아교로 붙인 배에 왕이 타게 했다. 왕이 배를 타고 중류에 이르자 아교가 녹아 배가 해체되고, 왕과 제공이 모두 물에 빠져 죽었다."

통치자 앞에서 공자는 비굴한 얼굴로 아첨하지 않았고, 늘 평등하게 심지어는 위에서 내려다보는 듯이 질책했다. "팔일무를 뜰에서 추게 하였으니 이것도 할 수 있는데 다른 것은 못하겠는가?"(〈논어 · 팔일八佾〉) 공자는 노나라에서 힘있는 세 가문이 천자가 쓰는 등급의 춤을 사용하는 것을 직설적으로 지적하며 계씨季氏의 야심을 주의하라고 경고했다. "이런 일을 계씨

집안에서 하다니, 그들이 무슨 일인들 못하겠는가?" 노나라 국정의 실권자인 계강자가 공자에게 정치에 관해 묻자, 공자는 직언하여 말했다. "정치란 바른 것입니다. 대부인 그대가 바르다면 누가 감히 바르지 않겠습니까?"(정政이란 글자의 뜻은 단정함이다. 그대 자신이 솔선하여 바르게 하면, 누군들 단정치 않겠습니까?)

이 계강자季康子가 또 정치에 관해 공자에게 묻자 그가 대답했다. "만약 나쁜 사람을 죽여서 좋은 사람을 가까이 한다면 어떻습니까?" 공자가 이 안하무인의 통치자를 가르쳤다. "그대는 나라를 다스리는데 있어 꼭 살육을 해야만 합니까? 그대가 정말 나라를 잘 다스리고자 한다면 백성이 알아보고 따라서 좋은 방향으로 가게 될 것입니다. 통치자의 행동을 바람으로 비유하고 백성의 행동을 풀로 비유하면, 바람이 어느 쪽으로 불면, 풀은 그 쪽으로 눕게 됩니다.

〈논어 · 요왈堯曰〉 1장에서 공자는 "교육을 하지 않고 바로 살육하는 것은 통치자가 학대하는 것이다."라고 말했다.

물고기 한 마리가 죽으면 이것은 그 물고기의 문제이나, 한 연못의 물고기가 모두 죽는다면 그것은 분명 연못의 문제이다. 비록 공자는 줄곧 그를 질책했지만, 계강자는 여전히 공자를 신임했고, 나중에는 또 노나라에 도적이 너무 많은 문제로 해결 방법을 구했다. 공자는 여전히 직설적으로 말했다. "그대가 욕심을 내지 않는 것은 상으로 준다고 해도 훔쳐가지 않을 것입니다."(〈논어 · 안연〉) 이것은 역시 공자가 말한 "그가 올바르면 명령하지 않아도 따라서 하고, 그가 바르지 못하면, 명령을 하더라도 따르지 않는다."(〈논어 · 자로〉) 이다. 이렇게 대면하여 비난하는 것은 쉽지 않은 것이다. 계강자는 노나라의 상경上卿이지만, 실제로는 전체 노나라의 권력을 장악

태산첨노대泰山瞻魯臺 후하량侯賀良/ 촬영

하고 있었다. 그러나 공자는 정치에 참여하여 자기의 정치와 사상의 주장을 실현할 의도가 있었다. 여기서 우리는 한가지 지켜야 할 질서와, 개인의 독재를 완강하게 반대한 공자를 볼 수 있다.

이런 비판적인 입장과 비난의 태도는 〈논어〉에 여러 번 나온다. 〈논어·자로〉중의 자공이 공자와 나눈 유명한 대화 중에서 공자는 집권자에게 "도량이 좁은 사람斗筲之人(두소지인) 이라는 한 가지 기본적인 평가를 내린다.

이 말은 정말이지 사람을 깊게 생각하게 한다. 특히 집권자들을 깊게 생각하게 하는 묘미가 있다. 공자는 분명 지식인인 '선비士'를 높은 위치와 차원에 두었다. 자공의 "어떻게 해야 선비로 부를 만 합니까?"라는 질문에 대한 공자의 대답은 매우 간결하다.

"자기의 말 한마디 거동 하나에 수치심을 가지고, 하늘을 우러러보고 세상을 굽어봐도 양심에 부끄러움이 없으며 만약 외국에 사절로 파견된다면 군주가 맡긴 임무를 욕되지 않게 훌륭히 완수하면, 선비라고 부를 만 하다". 이것은 당연히 매우 높은 기준으로, 실행하기 무척 어렵다. 그래서 자공이 또 물었다. 조금 낮은 기준은 없습니까? "있다." 공자가 말했다. 그것은 가족들이 그가 부모에게 효성스럽다고 칭찬하고, 마을 사람들이 그가 어른을 공경한다고 칭찬하는 것이다. 자공은 이 기준도 완벽하게 달성하기 힘들다고 여겨, 또 그 보다 쉬운 것은 없는지 물었다. 공자는 만약 말한 것을 반드시 행하며, 행위가 단호하고 맞고 틀리고 상관없이 말과 행동을 일치시킬 수 있다면 가까스로 선비라고 부를 수 있다고 했다.

스승과 제자는 사실 여기까지 말하고 나서 한 단락을 마칠 수 있었다. 아마도 자공은 "말한 것은 반드시 실행하고, 실행하면 반드시 완수한다." 역시 쉽지는 않겠다고 여기에 여겨 크고 작은 집권자들에 대한 자기가 관찰하고 인식한 것을 더해 연이어 물었다. 정권을 잡은 관리가 된 여러 사람들

공자에게 드리는 제사 의식祭孔典礼

은 어떻습니까, 선비라고 부를만 할까요? 공자는 듣고 조금 화가 난 듯이 말했다. "이렇게 명백한 것도 물을 필요가 있는가"라고 생각한 것이다. 이 이기적이고 그릇이 작은 사람들이 뭐라고, 그들은 선비로부터 아주 멀다.

이 중에는 그 시대의 현실도 포함되어 있고, 공자의 현실에 대한 강력한 비판의 태도를 드러내고 있다. 이러한 태도는 중국 역사상에서 보기 드문 진귀한 인문 자원으로,

중국 지식인의 품격을 세워준다.

우리는 공자가 〈논어·양화〉의 이론을 복습해봐도 좋을 것이다. "그대들은 왜 〈시경〉을 배우지 않습니까? 〈시경〉을 배우면 느끼고, 보고, 무리를 짓고, 비평할 줄 알게 되고, 가까이로는 부모를 섬기게 되고, 멀리로는 임금을 섬기게 되며, 새와 짐승, 풀과 나무의 이름까지 다양하게 알 수 있습니다.

이천 년 동안, 통치자는 〈시경詩〉을 반드시 배워야 하는 경전으로 여겼고, 공자의 말은 '가르침'으로 받아들이고 따라야 하는 것이었다. 그러나 사람들은 이 말에 담긴 공자의 진정한 뜻을 소홀히 했다. 공자는 〈시경〉의 작용을 "흥興, 관觀, 군羣, 원怨"으로 개괄했다. 흥興은 시가가 상상력을 기르고 감정을 개발할 수 있음을 가리킨다. 관觀은 관찰을 나타내며, 사회 풍속의 흥함과 쇠함 및 정치의 득실을 관찰한다. 군羣은 시가를 통해 사람들의 교류와 소통을 촉진하여 인간 관계를 개선할 수 있다는 뜻이다. 원怨은 명확하게 시가의 비평과 풍자 기능을 드러낸다. 이 원怨에는 여러가지 의미가 있어, 황종희黃宗羲(명대 사상가)는 "비통함, 애도의 노래, 꾸짖음, 풍유諷喻(돌려서 타이름)"라고 했다. 그러나 집권자에 대한 비판과 질책이 역시 '원怨'의 가장 주요한 기능이다. 이 기능은 역사적으로, 권위적으로 증명된 것이다. 〈모시서毛詩序〉에서는 시의 역할이 "위에서는 아래의 풍습을 교화하고,

아래서는 위를 풍자하는" 것에 있다고 했고, 공안국孔安國은 '원怨'을 "윗사람의 정책을 나무라는 것이다."라고 해석했다.

누가 서양 문화가 나쁜 소식만 말하고 기쁜 소식은 말하지 않는 까마귀 문화이고, 중국 문화는 기쁜 소식은 전하고 나쁜 소식은 전하지 않는 까치 문화라고 말하는가? 중국 문화의 근원은 '원怨'이며, 틀림없이 '원怨'이다. "어진 사람만이 사람을 좋아할 수도 미워할 수도 있다."(《논어·이인里仁》), 진정한 인자仁者는 다른 사람을 사랑할 수 있고, 마음속에 사랑의 햇살과 부드러움이 가득하여, 옳고 그름을 밝게 분별하고, 원망하고 하고 증오하며 미워할 수 있다." 여기서 말하는 '악惡(미움)'이 바로 '원怨' 이다. 이 '원怨'의 시는 20세기 초까지 발전하여, 루쉰魯迅이 시작한 잡문雜文이 되었다.

더 나아가 생각해보면 "이름이 바르지 않으면 말도 순조롭지 못하다."라고 했던 공자는, 왜 더 이상 시가 가진 '칭송頌'의 기능을 언급하지 않았을까? 비난도 있고 칭찬도 있으면 더 좋지 않은가, 그러나 공자는 시의 역할에는 '칭송'이 있으면 안 된다고 여겼다. 아마도 공자의 이런 생각과 다른 의견이 있어도 직접적으로 말할 수 없는 사람이 있을 수도 있다. 〈시경〉 중에도 '칭송(시경은 풍風, 아雅, 송頌으로 나뉜다)'이 있지 않은가? 그러나 자세히 생각하면, 시경 중의 그 '칭송' 들은 모한毛翰 선생의 연구에 따르면 모두 사료적인 성질의 것으로 그럭저럭 격식을 갖췄을 뿐이다.

공자는 "천하에 도가 있으면 보통 사람들이 왈가왈부하지 않는다.天下有道, 則庶人不議"라고 말했었다. 의심할 여지없이 이것은 정치의 밝음과 어두움, 집정자의 좋고 나쁨에 대한 판결권을 민중의 손에 건네준 것이다. 억지로 건네준 것이 아니라 역사적으로도 현실적으로도 필연적이었다. "도가 백성에게 있으면 나라를 얻고, 백성을 잃으면 나라를 잃게 된다."(《대학大學》) 라고 하지 않던가.

한번은 노정공魯定公이 "한 마디 말로 나라를 세우고, 한 마디 말로 나라를 망하게 한다. 一言興邦, 一言喪邦"라는 주제에 관해 묻자, 공자는 "한마디 말로 나라를 망하게 한다."라는 문제에 이런 대답을 내놓았다. 공자의 뜻은 매우 명료했다. "그럴 수 있는 말은 거의 없습니다. '나는 임금 된 것이 즐거운 게 아니라, 내 말을 사람들이 거스르지 않는 것이 즐거울 뿐이다'라는 말이 있습니다. 집권자 특히 임금처럼 높은 집권자는 그의 말과 행동에 반대하는 사람이 아무도 없습니다. 반대하는 사람도 없을 뿐만 아니라 이익에 따라 듣기 좋은 칭찬과 찬사의 말만 듣게 됩니다. 이것은 물론 그대 같은 집권자들의 즐거움입니다. 그대가 제대로 행동하고 말도 제대로 했다면, 사람들이 칭찬해도 나쁠 것이 없습니다. 그러나 집권자가 잘못된 일을 하고, 잘못된 말을 했는데도 아래 사람들이 반대 의견을 말해 잘못되었다고 지적할 수 없으면 이것이 한 마디 말로 나라를 망하게 하는 것이 아니겠습니까?"(〈논어·자로〉) 공자는 대담하게 자신의 의견을 말했고, 집권자는 겸허하게 자신과 다른 의견에 귀를 기울였으니, 대화 수준이 나라를 번영시키고 나라를 망하는 데에까지 높아졌다. 그는 자로에게 이렇게 요구했었다. "집권자를 속이지 말아야 한다. 그러나 반대 의견을 내며 그를 거스를 수는 있다. 勿欺也, 而犯之"〈좌전·양공襄公 31년〉 중에 정鄭나라 대부인 자산子産이 백성의 뜻과 사회적 여론을 바르게 대하여, 민간의 백성들의 의견을 발표하는 장소인 '향교鄕校'를 폐지하는 것에 동의하지 않았다.'라는 이야기가 있다.

정나라 사람들이 향교에 모여 한가하게 집권자의 정치에 대해 말했다. 연명然明(정나라 대부)이 자산에게 말했다. "향교를 없애버리면 어떻겠습니까?" 자산이 물었다. "왜 없애려 하십니까? 사람들이 아침저녁으로 일을 마치고 이곳에 모여서 정책의 좋고 나쁨을 논의합니다. 그들이 좋아하는 것은 나도 행할 것이고, 그들이 싫어하는 것은 바꿉니다. 저에게는 스승과도 같습니다. 어째서 없애려는 겁니까? 저는 사람됨이 충성스럽고 착하면 원한이 적다는 말은 들었어도, 위압적으로 행동하여 원망을 막는다는 소리를 못 들었습니다. 그렇게 하면 바로 사람들의 의논을 막을 수는 있겠지만 이렇게 하면 하천을 막는 것처럼 위험합니다. 하천이 넘치면 다치는 사람이 많을 것입니다. 저는 그들을 구할 수 없습니다. 차라리 작은 물길을 열고, 이런 의견을 듣고서 병을 고치는 양약으로 삼는 만 못합니다." 연명이 말했다. "저는 이제서야 그대가 큰 일을 할 사람이라는 것을 알았습니다. 소인은 정말 재능이 없습니다. 만약 정말 이렇게 한다면, 정나라가 잘 되고 몇몇 신하만 이로운 데 그치지 않을 것입니다."

공자가 이 말을 듣고 말했다. "이 말을 보니, 사람들이 자산이 어질지 못하다고 하는 것을 나는 믿지 못하겠다."

이 이야기는 아마도 중국 최초의 백성의 주권民主 확립에 대한 확실한 주장일 것이다.

공자는 줄곧 백성의 뜻을 중시해왔다. 그가 말했다. "모두가 그를 싫어해도 반드시 살펴보고, 모두가 좋아해도 반드시 살펴보라."(《논어·위령공》) 모두가 좋아하거나 싫어하는 사람도 주의해서 관찰해야 한다. 자공이 그에게 물었다. "마을 사람들이 모두 좋다고 말하면 그를 좋게 여기고, 마을 사람들이 그를 나쁘다고 말하면 그를 나쁘게 여겨도 괜찮겠습니까?" 공자의 대답은 지혜로우면서 과학적이었다. "동네의 착한 사람은 좋아하고, 나쁜 사람을 싫어하는 사람만 못하다."(《논어·자로》) 다시 말하면, 좋은 사람이 좋아하고 나쁜 사람이 싫어하는 인재가 좋은 사람이라는 것이다.

이렇게 자유롭게 자기의 의견을 말할 수 있는 자유와 민주의식의 싹은 긴 세월 동안 전해졌다. 만약 그 뜻을 거스르면, 중국은 어둠에 뒤덮이게 되어 폐쇄된 '향교'의 민중들이 뿐만 아니라 폭력을 행사한 사람도 해를 입게 된다. 왜냐하면, 그들은 잠시 어둠 속에 숨어 있을 뿐, 밝은 빛이 비추자마자 어둠의 표본으로 역사와 민중 앞에 놓여 심한 욕을 듣는 처지로 전락한다.

공자는 정말 총명했다. 그는 즉시 사태의 본질을 알아채고, 어떤 사람들이 자산이 어질지 못하다고 여기는 것은 틀렸다며 "나는 안 믿는다."라고 했다. 공자의 아주 분명하게 뜻을 말했다. 언로를 열어야만 백성이 "잘못을 들추어내는" 장소가 허락되어, 집권자가 진실한 백성의 의견과 비평을 들을 수 있게 되고 인덕仁德과 어진 정치가 이루어진다. 공자는 자산의 생각에 동의 했지만, 실제로는 독립적이고 자주적인 발언권의 필요성을 지지한 것이다. 〈순자荀子 · 자도子道〉중에 이런 발언의 중요성과 작용에 대한 구체적인 논술이 있다. "천자의 나라에 직언하는 신하가 네 명이 있으면 국경이 약해지지 않고, 제후의 나라에 간언하는 신하가 세 명이 있으면 사직이 위태롭지 않게 되고, 경대부의 집안에서는 직언하는 가신이 두 명 있으면 종묘가 유지되며, 아버지에게 간언하는 자식이 있으면 무례하게 행동하지 않고, 선비에게 간언하는 친구가 있으면 불의하지 않게 된다." 공자는 이 '발언권'을 국가, 사직社稷, 종묘宗廟, 가정의 안위와 연결 지었다.

공자는 아주 잘 알았다. 그의 안목과 그의 처지로 인해 그는 발언의 어려움과 위험을 명확하게 인식했다. 집권자에게 그는 언로言路를 열어주는 인도仁道를 실시할 것을 요구했다. 그의 제자들과 선비(지식인)에게는 다른 종류의 요구사항이 있었는데, 힘써 독립적인 비판의 목소리를 내라는 것이었다. 위험한 환경이라 독립적인 목소리를 낼 수 없거나 각자에게 서로 다른 성격과 상황이 있으면, 그는 모두 이해해 주었다. 그러나 그에게도 최소한의 기준이 있었다. "소리를 낼 수 없으면, 침묵을 지킬 수는 있다. 그러나

대성전大成殿내부 이초李超/ 촬영

나쁜 사람을 도우면 안 된다", "나라에 도가 있을 때는 그의 발언으로 나라를 번영하게 할 수 있고, 나라에 도가 없을 때는 그의 침묵이 용납될 수 있다."(〈중용中庸〉)

공자가 사람들에게 알려준다. "백성에게 인은 물이나 불보다 더 필요하다. 물과 불에 뛰어들어 죽는 사람은 봤어도, 인을 실천하다가 죽는 사람은 못 봤다."(〈논어·위령공〉) 그렇다. 그의 말은 너무나 옳다. 백성에게 인仁은 물과 불보다 더 절박하게 필요하다. 물과 불은 당연히 우리 생활 중에 없어서는 안 될 것들이지만, 조심하지 않으면 물과 불로 인해 피해를 입기도 한다. 그러나, 인仁은 백성에게 이롭고 무해하며 가장 좋고, 가장 귀한 것이다. 이렇게 좋은 것을 우리는 마땅히 전력을 다해 지키고, 기르며, 세워서 발전시켜야 하지 않겠는가? 집권자는 백성이 필요한 것을 자신은 필요 없다고 생각하지 말아야 한다. 사실, 집권자와 민중은 모두 인이 필요하다. 맹자도 말하지 않았던가? "천자가 어질지 못하면 천지를 유지할 수 없고, 제후가 어질지 못하면 사직을 유지할 수 없으며, 경과 대부가 어질지 못하면 종묘를 지킬 수 없고, 일반 백성들이 어질지 못하면 몸을 지킬 수 없다."(〈맹자·이루상離婁上〉)

출신이 미천하고 일생을 역경 속에 살았던 공자는 백성에게 우리 현대인이 이해하기 어려운 감정을 갖고 있었다. 사실, 공자에 대해 우리는 먼저 '사람'이란 시각으로 그를 보고, 상상하고, 이해해야 한다. 그의 '사람 아래' 놓인 백성에 대한 생각을 들여다보면, 그는 역시 백성 출신으로 삼천 명의 학생을 곁에 두고 백성 중에서 가르친 사람으로서 자기 사람에 대해 온정과 뜨거운 애정을 갖고 있었다.

역시나 자공이 스승과 중대하고 흥미로운 문제들을 토론했다. 그가 한번은 스승에게 말했다. 그는 어째서 겸허하게 보통 사람을 대해야 하는지 몹시 고민하며 "저는 다른 사람에게 자신을 낮추는 게 뭐가 좋은 지 모르겠습니다."라고 했다. 공자의 가르침은 쉬우면서도 생동감이 있었다. 그가 자공에게 말했다. "이런 보통 사람들은 땅과 같아서 깊이 파들어가면 시원한 샘물이 나온다. 이 광대한 토지는 오곡을 심고 수확하고 나무를 재배해 자라게 하고 가축과 동물을 사육할 수 있다. 사람이 살아 있을 때는 그 위에 서 있지만, 사람이 죽으면 그 아래 묻히게 된다. 이렇게 많은 유익을 주지만 무엇을 달라고 요구하지도 않는다. 이런 보통 사람들이야 말로 광대한 토지가 아니겠는가? 이런 토지와 같이 너그러운 보통 사람들에게 마땅히 존경과 애정을 주어야 하지 않겠는가?"(《순자荀子·요문堯問》) 예수님이 십자가에 못박히기 훨씬 이전에 중국의 공자는 이미 열국을 떠돌고 있었다. 지구 저편에서 예수님은 "여우도 굴이 있고 공중의 새도 보금자리가 있지만 인자人子(예수님)는 머리를 둘 곳도 없구나!"라고 했고, 지구 이편에서 공자는 어떤 때는 팔을 굽혀 베개 삼아 베기도 힘들 정도로 가난하여 칠 일간 굶은 적도 있고 '상갓집 개'처럼 아주 초췌했다. 그들은 모두 마음속에 거대한 연민을 품고 있었다. 왜냐하면 그들 곁의 백성이 같은 고통을 겪고 있었기 때문이다. 하지만 그들은 모두 마음속에 즐거움이 가득했다. 왜냐하면 그들은 모두 천하의 백성을 일념으로 삼았고, 어두움에 가려진 광명을 보았기 때문이다.

공자가 여러 나라를 떠돌 때, 위衛나라의 서쪽 변경에서 성을 지키는 장관이 공자와 만난 후, 공자의 제자들에게 이렇게 말했다. "천하에 도가 사라진 지 오래이나, 하늘이 장차 공자를 목탁으로 삼을 것이다."(《논어·팔일》)

목탁木鐸은 손에 쥐고 흔드는 추가 나무인 구리 종이었다. 고대에 정치와 교육을 실시하고 명령을 전파하는 사람은 손에 쥔 목탁을 흔들며 사람을 모으고 선전하고 설명했다. 흔들어서 내는 소리는 부드럽고 낭랑했다. "나

공자성적도孔子聖蹟圖의 재진절량在陳絶糧(진나라에 식량이 떨어짐) 명대明代

는 이 목탁이 바로 지식인의 비판하고 발언하는 입장을 상징한다고 생각한
다. 하늘이 장차 공자를 목탁으로 삼을 것이다". 공자의 목소리는 이천 오
백여 년이란 역사의 긴 흐름 속에 독자적인 역량을 형성했고, 독특한 입장
을 대변하며 사회와 사람의 마음에 영향을 미치고 있다. "남에게 해주는 좋
은 말은 베나 비단보다 따듯하다."(《순자 · 영욕榮辱》), 공자의 인에 대한 사상
과 말들은 바로 순자가 말한 '좋은 말'이며, 베나 비단과 같이 여러 세대에
걸쳐 인류의 심령에 온기를 더해 주고 있다.

 인仁과 인 속에 담긴 사람人과 사랑愛, 그리고 인간적인 마음, 인문정신
은 모두 조금씩 방향이 다르지만 결국은 한 곳으로 도달하는 물과 같다. 동
양과 서양의 사람의 강물이 흐르고 흘러 인성의 빛이 반짝이는 넓은 바다
가 되었다.

제2장

# 공자와 곡부

니산의 전망

니산 부자동夫子洞

# 니산: 공자의 탄생

사마천司馬遷이 〈사기史記·공자세가孔子世家〉에서 숙량흘叔梁紇과 안씨 여인顏徵在(안징재)이 "니구에서 기도했고"(현재의 곡부 니산), "야합野合하여 공자를 낳았다."라고 말했다. '야합'이란 두 글자는 이로써 공자의 출생에 신비롭고 낭만적인 색채를 더했다. 사마천 이후로 '야합'은 대체적으로 다음의 세가지로 해석된다.

첫번째 해석은 이렇다. 숙량흘과 안징재는 나이 차이가 너무 많이 나 공자의 아버지는 60세가 넘었으나 어머니는 20세도 채 안 되었으므로 당시의 "장실초계의 예壯室初笄之禮(고대에 남자 나이 30세, 여자 나이 15세로 성년이 되어 결혼을 할 나이)"에 맞지 않는다고 여기는 것이다. 여기서의 "야野"자는 야만스럽고 예의에 맞지 않는다는 의미이다. 〈논어·옹야雍也〉중의 "바탕이 무늬보다 앞서면 촌스럽다質勝文則野", 〈논어·선진先進〉중의 "이전 시대의 예악은 촌스럽다.先進於禮樂,野人也", 〈자로子路〉중의 "조악하고, 경솔하다.野哉,由也"에서 이 "야野"자는 모두 거칠고 투박하다는 의미이다. 두번째는 '야野'자를 들판을 의미하는 것으로 해석하여, 공자를 사생아로 보아 부모가 결혼하지 않은 상황에서 들판에서 동침한 후에 태어난 것이라 풀이했다. 세번째 해석은 야합을 성인聖人을 위해 만들어낸 신화로 해석하는 것이다. 전목 선생은 "옛날 사람의 생각에는 성인은 모두 하늘이 감응感應하여 낳았다"고 말했다. 특히 상나라의 선조 설

偰과 주나라의 선조 후직后稷은 모두 하늘이 감동하여 낳았다는 신화가 있다. 또 한漢 고조高祖의 어머니 유온劉媼은 큰 연못가에서 쉬다가 꿈에서 신을 만났고 곧이어 고조를 낳았다고 한다. 야합이란 이런 것으로, 일을 신기하게 보이게 하기 위해서 그의 부모의 부도덕을 속이기 위한 것으로 믿을 만하지 못하다."(전목錢穆, 〈공자전孔子傳〉 2장) 세가지 해석 모두 확실한 근거가 없다. 우리는 각종 가설의 속박을 벗어나 이미 아는 사실과 일반적인 사람의 삶으로 미루어 보아 역사적 진실을 최대한 복원해보자. 한가지 분명한 것은 숙량흘이 안씨의 딸 징재와 결혼한 것은 온전히 대를 잇기 위한 것으로 애정이라 할 만한 것이 없었다. 스무 살이 채 되지 않은 소녀가 60세가 넘은 남자에게 기꺼이 시집을 갈 수 있는 경우는 종종 어떤 낭만적인 동경을 품고 있을 때이다. 전장에서는 용맹스러워 당해낼 자가 없던 숙량흘은 삶에서는 걱정거리가 끊기지 않았다. 노나라의 평민 여자 시施씨와 결혼했으나 불행하게도 9명의 딸만 낳았다.

니산 경치尼山聖境.

그 당시에는 여자아이는 가업을 이어 받을 수 없었다. 추읍대부陬邑大夫는 비록 아주 작은 관직이지만 대부의 반열에 들었고 상왕商王과 송나라 군주의 후손이던 숙량흘은 영웅으로 각 제후국에 널리 알려져 있었다. 만약 제사를 지내줄 남자아이가 없다면 그에게 있어 인생 최대의 유감일 것이다.

시씨는 어진 사람이었고 딸만 낳았기에 자책하며 적극적으로 남편에게 첩을 들이라고 재촉했다. 숙량흘이 생각하지 못한 상황이 또 발생했다. 첩이 발에 장애가 있는 남자아이를 낳은 것이었다. '맹피孟皮'라는 이름에서 당시 숙량흘의 실망과 안타까움을 느낄 수 있다. '피皮'는 고대의 '절뚝발 파跛'자로, 직접적으로 말하면 절름발이를 낳은 것이었다. 당시의 노나라는 주공의 후대로 주나라의 예의를 따랐다. 주나라의 관제 중에 가장 까다롭고, 세상 사람들이 가장 중요시 하는 것은 신과 조상에게 드리는 제사 활동이었다. 주나라의 제도에서는 여자뿐만 아니라 절름발이도 묘당에 들어갈 수 없었다.

노나라 옛 성 유적

숙량흘의 가장 큰 걱정거리는 건강한 아들이 없는 것이었다.

전장에서 공을 세운 기쁨은 곧 이 걱정 때문에 흔적도 없이 사그라 들었다.
나이가 들수록 그는 더욱 속이 달아 초조했다.

같은 니산 기슭에 사는 안씨 집안의 딸, 특히 셋째 딸을 떠올렸다.

그녀는 건강하고 활발했고, 자기의 딸들과도 왕래가 있었다. 사실 그녀와 딸
들과의 교제는 또래 사이의 우정이라기보다는 한 소녀의 영웅에 대한 호기심
과 동경이었다. 빠르게 떨어지는 천근의 현문懸門(위아래로 여닫는 문)을 두 손으
로 받쳐내고, 전우들을 위기에서 구해낼 수 있는 사람, 300명의 병사를 거느리
고 적군의 삼엄한 포위를 뚫고 노나라 상대부上大夫 장흘호臧紇護를 안전한 곳
으로 호송하며, 다시 겹겹이 둘러싼 적들 사이로 용감하게 돌격해 국토를 지켜
낸 사람이 영웅이 아니면 무엇이겠는가? 이런 큰 영웅이 자기 옆에 있고, 풍채
까지 비범하니 낭만적인 소녀의 마음이 끌리지 않을 수 있겠는가? 사랑에 빠
진 여자에게 나이차는 아무것도 아니었다.

그녀의 눈에는 단지 의지할 만한 용맹스러운 한 남자만 보였다. 그녀가 비록 명확하게 표현하지는 않았어도 숙량흘은 자신에 대한 그녀의 호감과 숭배를 느꼈을 것이다. 그래서 나이는 많지만 여전히 영웅의 기색이 사람을 압도하던 숙량흘은 중매인의 말솜씨도 필요 없이 안씨의 대문에 들어가 단도직입적으로 구혼했다. 그는 안씨 집안에 세 딸이 있는 것을 알았고, 셋째 딸이 부모의 예상과 다르게 선뜻 나설 것을 알았다.

〈공자가어孔子家語〉 중에 집에 가서 구혼하는 이 장면이 생동감있게 묘사되어 있다. 안씨에게는 세 딸이 있었는데 막내는 징재였다. 안씨가 셋째 딸에게 말했다."추읍대부는 비록 아버지와 할아버지는 선비였으나 그의 조상은 성왕의 후손이다. 그는 키가 9척이고, 무력은 비할 자가 없어 나는 그가 마음에 든다. 비록 나이는 많지만 성격이 엄숙하니 염려할 바가 못 된다. 너희 3명 중에 누가 그의 부인이 되겠느냐?" 두 딸은 대답하지 않았고, 징재가 말했다. "아버지의 말을 따를게요. 더 물을게 뭐가 있겠어요." 아버지가 말했다. "그럼 네가 가거라." 곧이어 그의 아내가 되었다.

늙은 남편과 젊은 부인이 함께 니산의 사당에 와서 건강한 아들을 낳기를 기도한 것은 한두 번이 아니었을 것이다. 도대체 얼마나 여러 번 왔었는지는 그들조차 기억하지 못할 것이다. 니산은 높지는 않지만 초목이 무성하고 풍경이 그윽하며 수려하다. 산의 동쪽 언덕에 서서 멀리 내려다보면, 구불구불한 사수泗水가 햇빛 속에 반짝인다. 산의 서남쪽에 오로봉五老峯이 들쑥날쑥하고 안개와 구름이 껴서 서늘하고 푸른 기색을 드러낸다. 젊은 나이의 안징재는 눈 앞의 한 송이 꽃처럼 선명하고 향기로웠다. 전쟁을 많이 겪은 숙량흘은 니산의 푸른 측백나무처럼 크고 힘찼다. 그들은 기도를 하러 가며 좋은 시간도 보냈다. 꽃 같던 안징재는 조금 제멋대로인 성격이 있었던 것 같다. 그러나 그녀의 발랄함에는 천진난만함과 미래에 대한 기대, 아내이자 어머니로서 가지는 기대가 섞여 있었다.

공자의 생일로 계산해 볼 때, 어머니가 임신한 것은 음력 섣달의 엄동 설한 중이었다. 삭풍 속의 따뜻한 햇빛 아래의 니구산은 분명 새하얀 눈으로 덮였을 것이다. 측백나무의 가지가 흰 눈에 더욱 파랗게 보였다. 야생 토끼가 굴 입구에서 호기심으로 머리를 내밀고, 까치가 긴 꼬리를 끌며 측백나무 아래의 눈밭 위에서 먹을 것을 찾고 있었다.

임신의 기쁨과 두려움은 이 늙은 남편과 어린 아내를 괴롭히고 있었다. 어찌 기쁘지 않겠는가, 늙은 남편에게 이번 임신은 그의 마지막 희망이었다. 어린 아내는 처음으로 어머니로서의 따뜻함과 달콤함을 느꼈다. 당연히 또 딸일까, 또 장애가 있으면 어쩌나 하는 두려움도 있었다.

그들은 니산에 와서 더 간절히 기도했다. 마침내 기원전 551년 음력 8월 27일이 되었다. 이날 노나라의 창평향昌平鄕 추읍의 니산에서 안징재는 그녀와 숙량흘의 아들, 바로 중국과 세계에 깊고 심원한 영향을 미친 공자를 낳았다.

니산서원尼山書院

공자탄생지 니산 부자동 앞의 제사 의식

기도하러 와서 절하는 중에 갑자기 산통을 느꼈는지, 아니면 '야합'이 풍속에 받아들여지지 않아 어쩔 수 없이 멀리 와서 낳아야 했는지 알 수 없다. 니산 동쪽 언덕 아래의 크지 않은 동굴이 공자가 탄생한 장소가 되었다. 공자는 니산으로 이름을 얻었고, 니산은 공자 덕에 후대에 이름을 남겼다. 원래는 니구산이었지만 공자의 이름 '구丘' 자의 사용을 피하기 위해 니산이라 불렀다.

오랜 세월 동안 공자의 탄생에 관해서 수많은 전설과 신화가 전해졌다. 〈조정광기祖庭廣記〉의 기록에 의하면 공자의 부모가 기도하러 니산에 왔는데, 산을 오를 때는 초목이 잎을 모두 위로 세워 맞이 했고, 산을 내려갈 때는 초목이 잎이 모두 아래로 늘어뜨리며 배웅했다고 한다. 또 공자가 탄생한 저녁에는 두 마리 용이 집을 둘러쌌고 다섯 노인이 뜰에 내려왔으며 안씨의 방에서는 하늘의 음악이 들렸고 공중에서 "하늘이 감응하여 성인을 태어나게 하니, 화목하고 즐거운 음악을 내리노라"라는 소리가 들렸다고 한다.

〈진주집珍珠集〉에 따르면, "안징재가 밤에 두 마리 용이 하늘에서 내려오는 꿈을 꿨다. 공자가 태어나자 두 명의 신녀神女가 향로香露(향기를 내뿜는 이슬)를 받들고 공중에서 내려와 그를 씻기고, 천제가 신선들을 세상에 내려보내 천상의 음악을 연주하게 하여 안씨의 방에 늘어섰다." 〈습유기拾遺記〉에서 말하길, "공자가 태어나기 전, 기린이 궐리에서 옥서玉書(옥에 쓴 글)를 뱉어냈다. 그 글은 이렇게 쓰여 있었다. '수정의 아들, 쇠퇴한 주나라 왕조를 계승하여 소왕素王(덕이 있으나 관직이 없음)이 된다', 안씨는 매우 놀라고 기이하게 여겨 기린의 뿔에 실을 묶었다. 기린은 하루 밤을 지내고 떠났다. 또 다른 전설은 안씨가 언덕의 풀 밭에서 공자를 낳았는데, 피가 안씨 아래의 풀을 붉게 물들여 그때부터 그곳의 풀이 붉은 색으로 변하고 다시는 가시가 자라지 않아 그 언덕은 그때부터 홍초파紅草坡라고 불렸다고 한다. 민간의 전설에 따르면 성인이 태어나자 황하가 맑아졌고, 공자가 동굴에서 태어나자 호랑이가 와서 젖을 물리고 독수리가 날개로 부채질을 했다고 한다.

사실은 60여세의 무사와 20세가 채 안된 보통 여자가 니산의 동굴에서 공구라고 불리는 아들을 낳았고, 원래 특별할 것 없던 작은 산 속 동굴이 곤령동坤靈洞 또는 부자동夫子洞이라고 불리게 되었을 뿐이다. 이 남자아기는 다른 아기들과 다르지 않았다. 후대 사람들에게 전해 내려오는 공자의 외모와 관련된 '칠노七露', '사십구표四十九表' 설은 순전히 성인과 보통 사람을 구별되게 하기 위해 날조한 것으로 어떤 근거도 없다.

귀, 눈, 입, 코의 일곱 구멍인 '칠노'란, 눈은 흰 부분이 보통 사람처럼 눈동자의 옆에 있지 않고 눈동자의 아래 부분에 있는 삼백안이고, 두 귀는 뒤쪽으로 붙어서 윤곽이 앞에서 보였고, 입은 크게 벌리지 않아도 치아가 그대로 드러났다. 코는 두 콧구멍이 위로 뒤집어져 밖으로 드러난 들창코 였다고 한다. '사십구표'란 '튀어나온 이마와 광대, 늘어진 귀, 들창코, 긴 팔, 거북이 등, 소의 입

니산서원尼山書院

니산관천정尼山觀川亭

술, 번개 같은 목소리, 호랑이 손바닥…….' 등으로 공자의 외모를 일반인과 다르게 묘사한다. 신비롭기 그지없어 "공자 이전에 공자가 없고, 공자 이후에 공자는 더욱 없다."라 할만 하다.

사마천은 역시 대단했다. 그는 아무리 공자라 할지라도 태어날 때는 보통의 갓난아이일 뿐인 것을 알았다. 그는 〈사기·공자세가〉의 말머리에 공자의 출생을 간단 명료하게 요약했다. "공자는 노나라의 창평향 추읍에서 태어났다. 그의 조상은 송나라 사람으로, 이름은 공방숙孔防叔이다. 방숙이 백하伯夏를 낳고, 백하가 숙량흘을 낳았다. 숙량흘과 안씨는 야합하여 공자를 낳았고, 니구에서 기도하여 공자를 얻었다. 노魯 양공襄公 22년에 공자가 태어났다. 태어날 때부터 머리 위가 움푹 들어가 이름을 구丘(언덕 구)라고 지었다. 자는 중니仲尼, 성은 공이다." 이 기록 중에 나오는 머리 윗부분의 함몰은 신기한 게 아니라 칼슘이 결핍된 증상일 뿐이다.

여기에는 어떤 신화도 없다.

공자 때문에 나는 곡부의 니산을 여러 번 방문했다. 니산의 공묘孔廟와 니산서원尼山書院이 천여 그루의 수려하고 곧은 오래된 측백나무 사이에서 돋보인다. 이런 종류의 측백나무는 전세계에 이곳에만 있을 것이다. 뿌리부터 가지끝까지 하나의 나뭇가지도 자라지 않았고 넓적하고 향기로운 측백나무 잎이뿌리에서 가장 높은 곳까지 단지 나무 기둥에서만 자라나 7~8m, 약 10m 등으로 제각각이다. 한 그루 한 그루가 모두 검푸른 기둥으로, 하나같이 서까래 같고 붓 같다. 모양이 붓을 닮았고, 중국 학문의 대가 공자의 탄생지이므로 사람들은 이 측백나무 '문백文柏'이라고 부른다. '문백', 이 이름은 정말 잘 지었다. 질박한 향기와 곧은 몸에 천지의 맑은 혼을 다 담고 있다. 단아하고 청빈하여조금의 비굴함도 없다. 이런 자질이 아니라면 결코 〈논어〉를 빚어 낼 수 없을것이다. 깊은 가을의 니산은 평온하면서도 황량하다. 저녁 안개가 깔리고 주위가 점차 뿌옇게 될 때, 위엄있는 장부 같던 오래된 측백나무는 한 무리의 아름답기 그지 없는 호방한 젊은 여자들로 변하여 옷자락을 휘날리며 자유롭게춤을 추고, 니산은 영혼이 아무데도 얽매인 곳 없이 자유롭게 날아오르는 극락세계가 된다. 이 곳 이 순간, 시간은 멈추고 영원할 것만 같다. 춤추는 측백나무 숲이 오래 되었지만 여전히 신선한 밝은 달을 물어 올릴 때, 오계五溪는 니산의 발 밑에서 모여 흘러 간다.

측백 나무 사이의 관천정 안에 늙지 않는 공자가 읊조리고 있다. "흘러가는것은 이처럼 밤낮으로 잠시도 쉬지 않는다……

공부孔府에 소장중인 비단 〈삼성도三聖圖〉. 화면 중앙이 공자, 왼쪽은 안회顔回. 오른쪽이 증삼曾參이다.

# 궐리闕里: 공자의 소년시대

〈논어·위정〉 중에 공자가 자기의 일생을 요약하는 명언이 있다. "공자가 말했다. '나는 15세에 공부에 뜻을 두었고, 30세에 자신의 견해가 생겼고, 40세에는 휘둘리지 않게 되었고, 50세에는 세상의 이치를 알게 되었고, 60세에는 다른 의견을 포용할 줄 알게 되었으며, 70세에는 마음 가는 대로 행동해도 법도에 어긋나지 않게 되었다.'"

나무는 뿌리가 있고 물은 근원이 있다. 공자가 중국, 나아가 세계에서 큰 영향력을 가진 위대한 인물이 된 것은 그의 소년 시기와 절대적인 관련이 있어 마치 산맥에 뿌리가 있는 것과 같다. 그리고 이 뿌리의 형성은 평범하면서도 비범했던 어머니와 긴밀한 관련이 있다.

궐리패방闕里牌坊

　우리는 맹자 어머니의 현숙함과 지혜를 칭송할 때, 공자의 어머니 안징재도 소홀히 해선 안 된다.

　안징재는 의심할 여지없이 자신의 행복을 용감하게 추구하면서도 희생적이고 결단력이 있는 여성이었다. 그녀가 스무 살이 채 안 된 소녀일 때, 의연하게 60여 세의 용사에게 시집가고 '야합'하여 공자를 낳았다. 이것은 보통 여성은 생각조차 못할 일이었다. 일생을 60세의 노인에게 의탁할 때는 큰 용기가 필요하다는 것은 말하지 않고, 단지 사람들의 수군거림을 무릅쓴 것만 봐도 담대함과 굳센 의지가 드러난다. 이미 2500년이 지났지만 나는 여전히 그녀가 가진 개성 중의 비범함과 박력, 진실과 강건함을 엿볼 수 있다.

　그녀는 틀림없이 큰 일을 감당할 만한 여성이었다. 갑작스런 고난이 닥쳐왔을 때, 이 위기를 대하고도 조금도 겁내지 않는 장부의 기개가 있었다.

　공자가 세 살 때, 본디 신체가 건장하던 숙량흘이 갑자기 세상을 떠났다. 나이 어린 공자와 한창 청춘인 안징재는 갑자기 의지할 사람을 잃게 되었다. 그들은 복잡한 가정 관계 속에서 갑자기 약하고 고립된 위치로 떨어졌고 심지어 공자의 생존조차 불안정한 상태에 놓이게 되었다.

이때, 겨우 스물살 초반의 안징재는 공자의 일생에 중대한 영향을 미치는 결정을 내렸다. 창평향 추읍 숙량흘의 집을 떠나, 3살의 아들 공구를 데리고 노나라의 수도 곡부성 안의 궐리로 이주한 것이다.

이것은 선견지명이 있는 있는 결정이었다. 이 젊은 어머니는 자기의 유일한 아들을 위해 원대한 목표를 세웠다. 기량을 길러서 가업을 계승하고 가난하고 미천한 지위를 벗어나 귀족 계층으로 올라가 큰 업적을 세워 조상을 빛나게 한다. 이 계획을 실현하기 위한 첫걸음은 귀족이 되기 위해 활쏘기, 말타기, 글쓰기, 수학을 배우는 것으로 이는 사람들이 '육예六藝'라고 부르는 '유학의 학업儒業'이다.

노나라의 수도 곡부는 이 계획을 실현하기에 가장 적합한 곳이었다. 고대 노나라는 서주西周 초년에 주공周公 희단姬旦의 봉지封地였다. 그의 장자 백금伯禽이 봉지를 관리할 때, 많은 제도와 문물을 들여왔고 이것은 춘추시기 말년까지 전해졌다. 전란을 겪으며 제도와 문물이 모두 흩어져 사라진 뒤, 사람들은 일반적으로 주나라 왕조의 제도와 문물이 노나라에만 남아 있다고 여겼다. 〈좌전左傳 · 소공昭公 2년〉은 믿을 만한 근거를 제공하고 있다. 이 해에 진晉의 제후가 한선자韓宣子를 노

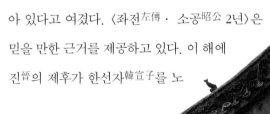

나라에 사절로 파견해 살펴보게 했는데, 한선자가 조사를 마친 후 얻은 결론은 이렇다. "주나라의 예의 범절은 노나라에만 남아있다. 나는 이제서야 주공의 은덕과 주나라가 어떻게 천자의 나라가 되었는지 알게 되었다." 그의 결론이 말해준다. 주나라 왕실이 유명무실하여 견융犬戎(고대의 이민족)이 침입하여 평왕平王이 동쪽의 낙읍洛邑으로 천도할 때 그 제도와 문물이 심각하게 훼손 당했으나, 노나라는 상대적으로 온전하게 이 제도와 역사적인 문물을 보존하고 있었다. 한선자韓宣子가 노나라를 방문한 이 해, 공자는 겨우 12살이었다. 노나라의 수도인 곡부는 귀족이 집결해있어 "육예六藝"가 발달한 곳이었다. 아이를 어려서부터 이런 환경에서 기르면 자연스럽게 영향을 받아 배우기에 유리한 조건을 얻을 수 있다. 당연히, 아버지를 여읜 자식과 홀어머니는 가장 먼저 생계를 유지할 방법을 찾아야 했다. 그들이 살던 궐리는 곡부에서 가장 번화한 곳이어서 일거리도 많았고, 곡부에는 안씨 가문의 몇 가정이 있어 친척의 도움을 얻을 수도 있었으며 숙량흘의 널리 퍼진 명성은 이들 모자의 자립에 도움을 주었다. 지금은 그 당시 이 모자가 구체적으로 어떻게 살았는지 알 방법이 없지만, 공자 자신의 말 중에서 당시의 모습을 찾아 볼 수 있다.

그는 이렇게 말했었다. "나는 고아 출신이기 때문에 어려서부터 고생을 많이 하며 자랐고, 그래서 사람들이 경시하는 잔재주를 많이 배웠다."(〈논어·자한〉) 고생과 가난은 긍정적인 면도 있다. 입에 풀칠 하기 위해 그리고 발전하기 위해 아들까지 하찮은 일을 많이 해야 했으니 어머니는 더 많은 고생을 하며 천대받는 일들을 해야 했다. 정환鄭環의 〈공자세가고孔子世家考〉에 이런 기록이 있다. "성모聖母(안징재를 가리킴)는 의식용 그릇을 사주며 갖고 놀게 했다." 안징재는 아들에게 의식용 그릇을 장난감으로 사주었다고 한다. 이 돈을 다른 사람의 보모 노릇을 하며 벌었는지, 아니면 바느질이나 빨래를 해서 벌었는지는 중요하지 않다. 중요한 것은 가난한 어머니가 자신을 버린 헌신적인 사랑으로 아들이 어릴 때부터 좋은 교육을 받게 하기 위해 무척 애를 썼다는 것이다. 〈사기·공자세가〉 중에 기록된 장면은 소년 공자가 배우고 자라는 과정을 더 잘 보여준다. "공자가 어릴 때 자주 조두俎豆를 늘어놓고 제사 지내는 흉내를 내며 놀았다." 조두는 당시에 제사를 지낼 때 공물을 올리는 네모 낳고 둥근 제기였다. 제사는 의례 중에서도 중요한 것이고, 의례는 귀족 계급에 진입하는데 가장 중요한 내용이었다. 어린 나이의 공자는 놀 때 조차 의식용 그릇을 배치하고 절하고 인사하는 것을 연습했으니 그의 배움에 대한 태도도 이로 미루어 짐작할 수 있다.

여기서 우리는 이런 결론을 얻을 수 있다. 고달픈 학습은 어린 공자의 주요 임무였다. 내용은 자연히 신분을 상승시키고 생계 유지 수단을 찾기 위한 예의 범절禮, 음악樂, 활쏘기射, 말타기御, 서예書, 수학數의 '육예'가 위주였다. '육예'는 당시에 이미 유학의 주요 학습 내용이었다. 공자가 이 '유업'을 몸소 체득하고 힘써 실천하여, 단지 신분 상승만을 위한 수단이었던 '유업'을 철학을 담고, 자기의 사상과 정치 관점을 표현할 수 있는 수단으로 발전시켜 학문

니산서원尼山書院

을 개척하고 가르치게 되자 비로소 진정한 의미에서의 유가 학파가 생겨나게 되었다. 공자는 전에 그의 학생 자하子夏에게 이렇게 말했다.

"그대는 고상한 군자의 유학을 익히시고, 소인의 유학을 배우지 마십시오."

이것이 아마도 공자 이전의 유업과 공자가 새로 개척한 유학을 나누는 경계선일 것이다. 온전히 신분 상승과 법벌이를 위한 직업이라면 이것은 공자가 말한 소인의 유학이고, 이 단계에서 더 나아가 '육예'의 근본적인 의의, 기원과 발전을 탐구하여 아름다운 인격과 높은 수양을 거친 '선비'의 모습을 빚어 낸 후 적극적으로 세상으로 나아가 사회를 더 좋게 변화시켜야 군자 유학의 경지에 도달하게 된다.

공자의 "15세에 학문에 뜻을 세웠다."는 말로부터 그가 이미 소년 시기가 끝나기 전에 소인의 유학에서 군자의 유학으로 나아가야 한다는 깨달음을 얻었음을 알 수 있다. 비록 이 길이 아무리 멀고 거칠 지라도 말이다.

어린 공자가 더 넓은 인생 영역으로 발을 내딛었을 때, 인생의 역경이 연달아 몰려왔다.

먼저 공자가 17세일 때 어머니가 돌아가셨다. 어린 나이의 공자는 이 세상에서 자기가 의지할 유일한 대상이자 가족이 영원히 떠났다는 것을 알았다.

17세의 소년에게 있어 이것은 하늘이 무너지는 것 같은 재난이었다. 어려서 아버지를 여의고, 지금 서로를 목숨처럼 의지한 자기 인생의 안내자였던 어머니조차 그를 떠났다. 공자는 어머니의 고생스런 삶을 알았기에 마음속에 어머니의 사랑을 깊이 간직했고, 어머니가 아들에게 걸었던 기대도 잘 알았다. 병든 어머니는 병을 치료할 돈을 아까워 하면서 여전히 각종 허드렛일을 계속하며 모자의 생계를 유지했다. 젊어서 과부가 된 것은 그녀의 마음에 분명 큰 상처가 되었을 테고, 아들의 생활과 교육을 위해 보통 사람의 수준을 뛰어넘는 수고를 해야 했으니 건강에 무리가 왔을 것이다. 노나라 수도 곡부의 위에서 아래까지 모두가 이 일에 관심을 가지고 지켜보며 궁금해 했다. 추읍대부 숙량흘의 아들, 어린 나이에 이미 박학하다고 소문난 공구는 과연 어떻게 어머니의 죽음을 처리할 것이며, 과연 그가 예절과 의식을 이해하여 그에 따라 안징재의 장례를 잘 처리할 수 있을 것인가? 그리고 한 때 여론과 파장을 일으키고 중압을 무릅쓰면서 45세나 많은 영웅에게 용감하게 시집가 담대하게 야합한 이 여인의 장례는 어떻게 치뤄야 하는가? 그러나 가장 중대하며 사람들이 가장 주목하는 것은 역시 그녀가 남편 숙량흘과 합장될 수 있을 것인가 하는 문제였다.

공자는 극심한 슬픔에도 무너지지 않았다. 그는 마음속에 소원을 하나 품고 있었다. 평생을 고생한 어머니를 아버지와 합장하여, 생전에 비난을 잔뜩 받은 어머니를 위해 체면을 세워주는 것이었다. 절실하게 어머니와 아버지를 합장하기 원했던 공자지만, 부친이 묻힌 구체적인 위치를 몰랐다. 그러나 어린 나이의 공자는 당황하지 않고 먼저 엄격하고 빈틈없는 예절로 어머니를 위해 슬프면서도 장엄한 장례를 지냈다. 알아 보기 쉽도록 그는 먼저 어머니를 곡부 성 밖의 오부五父라는 대로 변에 얕게 묻은 후 부친이 매장된 곳을 찾기 시작했다.

비록 건강한 아들을 낳았지만, 사람들은 젊은 어머니가 숙량흘의 장례에 참여하지 못하게 했다. 이것은 어머니에게 가장 굴욕적인 것으로 생전에 아들에게 아버지가 묻힌 구체적인 위치를 알려주지 못했고 자연스레 이 문제에 대해 언급하는 것도 피했다. 그 시대에는 사람이 죽어도 무덤 앞에서 제사를 지내지 않았고, 그저 아무 때나 집안에서 신과 조상에게 제사를 지냈으며 더욱이 고인의 무덤은 흙을 쌓지도, 나무를 심지도 않아 공자가 부친의 묘지를 찾기는 더 어려웠다. 그러나 어린 나이

옛 노나라 양관대兩觀臺

의 공구는 효심이 가득하여 열심히 찾았다. 이런 고아의 행동은 많은 사람들을 감동시켰을 것이다. 그가 아버지를 찾는다는 소문이 노나라에 퍼졌다. 마침내 어느 날, 추읍의 마부(《사기》 중에는 '상여를 메던 사람'라고 한다.)의 어머니가 공구를 찾아와 공구에게 그녀와 그의 어머니가 이웃이었으며 관계도 좋아서 그녀의 아들이 숙량흘의 장례에 갔었다고 알려주었다. 그 후, 이 마음씨 좋은 마부의 어머니는 이미 고아가 된 공구를 데리고 '방防'(현재 곡부 동쪽 10여km에 있는 방산防山) 땅에 와서 숙량흘이 묻힌 위치를 그에게 알려주었다. 소년 공구는 일생의 난제, 30여 세의 젊은 나이에 돌아가신 어머니와 10여 년 전에 세상을 떠난 아버지를 방 땅에 합장했다. 이곳이 바로 지금의 양공림樑公林이다. 공자의 이복형 맹피도 이곳 부모 곁에 묻혔다. 나는 곡부성에서 동쪽으로 10여 km 떨어진 양공림을 여러 번 방문했다. 이곳은 남쪽으로 방산을 마주하고, 북쪽으로는 사수泗水를 향했으며 저 멀리 구름 같은 오래된 측백나무가 내다 보인다. 그러나 이전에 울창했던 양공림의 신도神道 양측의 오래된 측백나무는 나중에 전부 베어졌다. 비록 이미 땅 위에 어떤 종적도 남아있지 않아 젊은 사람들은 이곳에 울창한 생명이 있었다는 것을 모른다. 그러나 농민의 말에 의하면, 지금까지 땅 밑의 뿌리가 여전히 생생하게 살아있다고 한다. 마치 사람들이 영웅 숙량흘과 용감한 안징재를 기억하듯이 말이다.

# 행단杏壇: 중국 중국의 첫 번째 민간 학교

공자는 제자를 가르치고 사학을 열어 중국에 최초의 행단杏壇을 설립했다. 이것은 공자의 일생 중 가장 중대하고 주요한 업적이자 중국 문명사에 시대를 나누는 한 획을 그은 위대한 업적으로, 공자의 인학사상仁學思想을 가장 잘 실현한 것이다.

중국 상商왕조 및 서주西周시기에, 교육은 귀족에 의해 독점되었고, 책과 경전은 궁중에 보관되고, 학교도 궁정과 관부官府에만 설립되어 관리가 곧 스승이었고 학문과 벼슬이 나뉘어 지지 않았었다. 귀족과 그들의 자제만 교육과 문화를 누릴 권리가 있고, 다스림을 받는 평민과 그들의 자제는 교육과 문화를 누릴 권리와 기회가 전혀 없어 오랫동안 "학문이 관부에만 있는" 국면을 형성했다.

춘추 시대, 특히 춘추 말년에 이르러 "예악 제도가 무너진禮崩樂壞" 상황이 나타났다. 관학官學은 나날이 몰락하여 천자가 자기의 직무를 상실하고, 학문이 네 오랑캐에 흩어졌다. 경전이 퍼지고 문화가 하층 계급까지 확산되어 민간에 사학私學이 탄생할 조건이 만들어 졌다. 사회 생산력의 발전 및 통치자의 분화와 변화에 따라, 일부 몰락한 귀족, 특히 귀족 중에서도 가장 낮은 계급인 선비士가 자기의 문화와 지식을 이용해 제자를 받아 가르치기 시작했는데 이를 촌숙村塾(서당)이라고 불렀다. 자기 집 문 옆의 작은 방안에서 아침 저녁으로 몇몇의 마을에서 지위가 높은 자제들을 가르쳤는데, 그 규모와 학생의 출신은 "학문이 관부에만 있던" 체제에 근본적인 영향을 주지는 못했다.

공자의 시대에 이르러 자기 집에서 사학을 여는 것은 이미 흔한 일이 되었고, 공자와 묵자墨子, 두 갈래의 사학이 규모가 가장 크고 성과도 가장 뛰어났다. 이런 사학이 공자가 독창적으로 시작한 것인지는 분명하지 않다. 그러나 사학의 규모, 명확한 교육 목적과 체계적인 교학 내용, 후대 사람들에 대한 영향력 등의 면에서 본다면, 공자는 의심할 여지 없이 중국 사학의 일인자였다.

공자가 중국 역사상 처음으로 "누구에게나 차별없는 교육을 실시한다有教無類"(《논어·위령공衞靈公》)라는 교육 방침, 즉 신분의 높고 낮음, 재산의 많고 적음으로 차별하지 않고, 나이의 많고 적음도 상관하지 않으며 지역으로도 차별하지 않고, 와서 배우고 싶은 학생은 모두 와서 배울 수 있다는 방침을 제기했다.

우리는 공자의 이 말을 영원히 기억해야 한다. "속수束脩를 행하기만 하면 나는 가르치지 않은 적이 없었다."(《논어·술이》) '속수'라는 두 글자에 대해, 역대로 두 가지 해석이 존재한다. 하나는 남자아이가 15세 이상이 된 것을 뜻하고, 다른 하나는 한 묶음의 말린 고기라는 의미이다.

"나에게 조금의 말린 고기를 스승에 대한 예물로 준다 해도 나는 그것 때문에 그를 안 가르치지는 않는다."로 해석 한다면, 이 '속수'는 아마도 중국의 수천 년 동안 학생이 스승에게 표하는 예의 중에서 가장 미약한 것이지 않겠는가? 어려서부터 가난하여 "여러 자질구레한 일에 능했던" 공자가 처음으로 모든 사람에게 교육의 문을 활짝 열어, 사람의 일생에 결정적인 영향을 미치는 교육이라는 큰 문의 문턱을 전에 없이 낮췄다. 공자는 허위 광고를 내지 않았다. 그는 말하는 대로 행동하는 사람이었다.

15세 이상의 남자 아이라면 재산과 신분으로 차별하지 않았다. 나는 공자가

공묘행단孔廟杏壇

孔子의 고향 곡부를 만나다

행단에서 학문을 가르치다 杏壇講學 공유극孔維克/ 그림

말한 "속수를 행하는 사람自行束脩以上者" 중의 '속수'란 "나이가15세 이상인 남자아이"를 가리킨다고 생각한다. 첫째, 공자는 어려서부터 가난했으므로 "한 묶음의 말린 고기"를 내지 못한다고 해서 배우기를 청하는 사람들을 거절하지는 않았을 것이다. 둘째, '속수'는 고대에 15세가 된 남자가 대학에 들어갈 때 받았던 변변치 못한 선물로, 나중에는 15세의 나이를 나타내는 고유명사가 되었다. 공자 이후로 사람들이 '이립', '불혹', '지천명', '이순', '마음대로 해도 규칙을 어기지 않는다.隨心所欲不逾矩'로 사람의 30세, 40세, 50세, 60세, 70세를 표현하고, '약관弱冠'으로 남자 나이 20세, '급계及笄'로 여자 나이 15세를 가리키는 것처럼 말이다. 셋째, 공자 본인도 자신이 "15세에 학문에 뜻을 두었다."라며 역시 15세의 나이에 배움을 시작했다고 말했다.

공자가 받은 학생 중에는 "대화를 나누기 어려운" 어린아이도 있고, 그보다 겨우 6살 적은 안계로顔季路(안회顔回의 아버지)도 있었으며, 노나라 사람도 있고, 제齊, 연燕, 송宋, 채蔡, 위衛, 정鄭, 변卞, 진陳, 진秦, 오吳, 초楚 등의 나라에서 온 사람도 있었다. 그의 학생 중에는 물론 귀족과 대부大夫의 자제도 있었지만, 출신이 낮고 가난한 집안의 자제들이 더 많았다. 그들 중엔 한 그릇의 밥과 한 표주박의 물밖에 없는 살림을 가지고 누추한 골목에 살면서 변함없이 즐거워하던 안회, 아버지가 미천한 신분이고 가난하여 송곳을 꽂을 만한 땅도 없었다는 중궁, 거친 산나물을 먹으면서 '변卞 땅의 야만인'으로 불린 자로, 초가집에 살며 쑥을 엮어 문을 삼고 깨진 기와로 창문을 삼으며 지붕에서 물이 새고 바닥이 젖었어도 단정하게 앉아 노래를 부르던 노나라의 원헌原憲, 큰 눈이 오는 날에도 추위를 막을 옷이 없어 갈대꽃으로 목화를 대신한 민자건閔子騫, 온 손에 굳은살이 박힌 낡은 솜옷을 입고 얼굴이 부은 위나라의 가난한 증삼曾參 등이 있었다. 귀족, 상인, 평민, 야만인, 신분이 미천한 사람, 지위가 낮은 사람, 도적, 중개인 등, 말 그대로 "누구에게나 차별 없이 가르쳤다."

그는 자기를 위해 평생 수고하신 어머니와 그런 어머니의 기대를 잊지 않았고, 여러 나라에 얼마나 많은 부모가 이렇게 자기의 아들에게 기대를 갖고 있는지도 잘 알았다. 그는 계손季孫 씨의 가신家臣 양호陽虎의 모욕과 멸시를 잊지 않았고, 여러 나라에 당시의 자신처럼 뜻을 품고도 펼치지 못하는 청년들이 많은 것도 잘 알고 있었다.

공자는 노나라로부터 눈을 돌려 여러 나라를 보며 전란의 분쟁 중에 많은 귀족이 몰락하고 또 새로운 권력가와 귀족들이 생겨나는 것을 보았다. 나날이 강대해지는 '선비士' 계층(예비 관리)과 그리고 선비 계층에 들어가려 애쓰는 평민 자제들을 보았다. 이렇게 모든 것이 새롭게 재편되던 춘추 시대에는 인재들을 훈련시킬 곳이 절실하게 필요했고, 훈련의 기본적인 내용은 신분 상승과 밥벌이를 위한 예의범절, 음악, 활쏘기, 말타기, 서예, 수학의 '육예'였다.

어려서부터 정해진 스승 없이 어렵게 독학하여 박학한 선비가 된 공자는 높은 수준으로 '육예'의 각종 기능에 통달했을 뿐만 아니라, 고등 '육예六藝'라고 불리는 〈시詩〉, 〈서書〉, 〈예禮〉, 〈악樂〉, 〈역易〉, 〈춘추春秋〉의 내용과 정신에 대해 체계적으로 배우고 익혀 정통한 경지에 도달해 있었다. 사회에 이런 광범위하고 절실한 수요가 생겨났고, 공자는 이 필요를 만족시킬 만한 충분한 조건과 의식을 갖추고 있었다. 어려서부터 가난과 고생을 맛 본 공자에게 이것은 틀림없이 자기의 생활 수준을 바꿀 수 있는 절호의 기회였다. 그도 가족을 부양해야 했고 가정 환경이 부유하기를 바랐다. 그는 자신의 여러 가지 지식으로 꽉 찬 머리와 열정적이고 인정이 넘치는 마음이라면 반드시 옛 사람들이 걸어 보지 않은 길을 개척할 수 있으리라 믿었다.

이렇게 조건을 충분히 갖춘 공자는 원대한 포부를 품고 있었다. 그는 주나라의 예의 제도를 회복시켜 '군신부자君臣父子(군자는 군자답고 신하는 신하답고 아버지는 아버지답고 자식은 자식답게 행동함)'를 이룩해 전 사회를 질서 있고 안정되게

자사子思

맹자孟子

증자曾子

안자顔子

제2장

공자와 곡부

만드는 것을 자기의 임무로 여겼고, 어진 정치로 세상을 구하려 했다. 주례周禮의 회복, 인정仁政의 실시를 위해서는 지식이 있고, 이상을 가진 뜻 있는 선비들을 많이 길러내 위로는 왕을 섬기고 아래로는 백성을 지도하게 할 필요가 있었다. 그래서 공자는 "민간으로 옮겨온 학교"인 사학을 운영했고, 곧 "관부에 있는 학교"와 대등한 강력한 생명력을 갖게 되었다.

공자가 세운 사학의 영향력은 심원하고 거대했다. 다음의 두 가지 사건에서 알 수 있듯이, 당시에 공자와 그의 사학은 이미 노나라와 동주東周 여러 나라의 통치 계급과 민간에 크고 광범위한 영향을 미치고 있었다. 예전에 공자를 문전박대하던 양호陽虎가 나중에는 갖가지 방법으로 공자와 연락하고 싶어했다. 양호는 비록 계씨 집안의 가신일 뿐이었으나 권력과 지위는 대부와 동등했다. 그는 몹시 공자를 만나고 싶었다. 그리고 공자의 영향력을 빌려 자기의 세력을 키우고 싶었다. 그러나 기회가 없어 근심했고 거절 당할까 봐 무서웠다. 그래서 그는 한 가지 계책을 생각해냈다. 그 시절의 예절에 따르면 대부가 선비에게 선물을 보낼 때, 선물을 받는 선비가 집에 없으면 선비는 몸소 선물을 보낸 사람의 집에 가서 감사를 표시해야 했다. 양호는 공자가 집에 없을 때를 알아내 한 마리 삶은 돼지 고기를 보냈다. 그리고는 공자의 방문을 기대했다. 그러나 양호의 생각과는 달리, 공자는 그를 만날 생각이 없었고 가르치는 일로 바빠 그를 찾아갈 시간도 없었다. 삶은 돼지고기를 받은 공자도 방법이 있었다. 그는 양호가 집에 없을 때를 알아내 그의 집을 방문해 감사를 표했다.

노나라 대부 맹희자孟僖子는 소공昭公을 모시고 초나라를 방문했을 때, 예의를 몰라서 매우 난처한 적이 있어 고대의 예의와 역사 문화 지식의 중요성을 절감했다. 기원전 518년 맹희자가 임종할 때, 자기의 아들 맹의자孟懿子, 남궁경숙南宮敬叔에게 한 가지 일을 당부했다. 그가 죽은 후, 반드시 공자를 스승으로 섬겨 예의를 배우고 처세를 배우라는 것이었다.

"예란 사람의 근본이요, 예가 없으면 사회에서 제대로 설 수 없다. 내가 듣기로 예에 통달한 공구라는 사람이 있는데, 성인의 후손이라고 한다. 내가 만약 죽으면 반드시 당부하여 그가 공자를 모셔 주례를 배워 지위를 안정되게 하라."(《좌전左傳》) 맹의자는 부친이 세상을 떠난 후, 아버지의 유언을 받들어 동생 남궁경숙과 함께 공자를 스승으로 모셨다.

공자의 평민 교육은 대략 "30세에 뜻을 세운" 해부터 시작되었다. 그 후, 모든 심혈을 쏟아 부은 교육 활동은 그의 일생 동안 지속되었다. 30세부터 72세로 세상을 떠나기까지 공자의 43년 인생을 정리하면, 그의 교육 활동은 크게 두 시기로 나눌 수 있다. 30세에 사학을 열고 50세에 노나라에서 벼슬하기 전까지가 그의 평민 교육의 첫번째 시기이자, 평민 교육의 전반기로 대략 20년이다. 두번째 시기는 그가 노나라에서 벼슬하던 4년, 14년 간 열국을 떠돈 후, 즉 그의 인생 중 마지막 5년은 평민 교육의 후반기이다. 사실 그가 노나라에서 벼슬을 하고, 그 후 열국을 돌아다닌 18년 중에도 그의 교육 활동은 멈춘 적이 없었다. 공자는 일생의 정력을 중국 교육을 개척하는 사업에 쏟아 부었다고 할 수 있다.

공묘孔廟 대성전大成殿 앞에 독특한 건물이 하나 있는데 네모난 높은 단 위에 소박하면서도 화려한 정자가 있다. 날아갈 듯한 이중 처마, 황금색의 유리기와, 주홍색의 기둥, 정자에 세로로 높이 걸린 편액에는 금나라 문인 당회영党懷英이 쓴 '행단杏壇'이란 두 글자가 있다. 이것은 금대金代의 건물로, 행단 유적은 송宋 천우天禧 2년(1018년)에 공묘의 모든 건물을 중건할 때 만든 것이다. 공자로 인해 '행단'은 교육의 대명사가 되었다. 그 이름은 〈장자莊子 · 잡편雜篇 · 어부漁父〉 중의 글에서 유래되었다. "공자가 검은 장막을 친 숲에서 거닐고 행단에 앉아 휴식을 취했다. 제자들은 글을 읽고, 공자는 거문고를 타며 노래를 불렀다." 이 숲이 구체적으로 곡부의 어디에 있

춘추서원유적春秋書院遺址

었는지 지금은 알 방법이 없다. 그러나 공자가 가르칠 당시에 고정적인 장소가 없었다는 것만은 분명하다. 그는 학생의 많고 적음과 날씨 등 여러 요인에 따라 자주 장소를 변경했을 것이다. 그러나 당시에 공자가 제자를 가르치던 주요 장소는 초반에는 곡부 궐리의 자기 집의 정원이었다가, 나중에는 정원에서 서쪽으로 멀지 않은 나무 그늘 아래로 옮겼다고 한다. 그곳에는 몇 그루 살구나무杏樹가 있어서 사람들은 점차 그곳을 '행단'이라고 불렀다.

그의 길고 긴 교육 생애 중에, 공자가 받아들여 교육한 학생은 삼천여 명에 달했고, '육예'에 통달한 걸출한 선비는 77명이나 된다. 사마천의 〈사기·중니제자열전仲尼弟子列傳〉에 이런 기록이 있다. 공자는 말했다. "나에게 배워서 육예에 정통한 제자는 77명이다.", 그들은 모두 특별한 재능을 가진 사람이었다. 안회, 민자건, 염백우冉伯牛, 중궁은 덕행德行이 출중했고, 염유冉有, 계로季路는 정무를 잘 처리했고, 재아宰我, 자공은 말솜씨가 뛰어났으며, 자유子游, 자하는 문장이 훌륭했고 박학했다. 노나라의 맹의자, 남궁경숙과 송나라의 사마우司馬牛 등 몇몇 귀족 자제를 제외하고는 대부분 출신이 천하고 가난했다.

이렇게 출신이 변변치 못했던 제자들이 공자의 교육을 거쳐 모두 인재로 성장하여, 어떤 이는 관리가 되고, 어떤 이는 선생이 되었고, 어떤 이는 문장이 뛰어나 문헌 전문가가 되었고, 어떤 이는 스승의 사상을 계승하여 새로운 유가 학파의 대표적인 인물이 되었다. 그의 제자와 그 제자의 제자들은 이미 춘추 전국시기에 중요한 정치 역량과 사상의 공급원이 되었다.

평민에서 시작해 공자의 지도와 훈련을 거쳐 정치, 사상, 경제 영역에까지 진출했다. 어떤 사람은 귀족이 되어 정치에 참여해 나라를 다스렸다. 이것은 문화 교육을 귀족이 독점하던 관습을 깨뜨렸고, 서주 이래로 실행되던 세경世卿(군주와 귀족이 경卿을 세습) 제도와 귀족이 관직을 세습하던 국면을 깨뜨렸다. 근본적인 의미를 가진 혁명적인 개혁이라고 할 수 있다.

공자도 벼슬길에 나서 승전위리乘田委吏를 지낸 적이 있다. 그도 관리가 되어 자기의 이상을 직접 실현하고 싶었다. 그의 학생들은 줄줄이 사회에 쓰임을 받았고, 그가 가르친 내용 중에는 관리가 되고 세상에서 성공하기 위한 학문과 기술이 적지 않았다. 스승인 그는 당연히 벼슬을 하고 세상에 쓰임 받을 더 큰 기회와 능력이 있었다. 특히 공자의 사학이 나날이 커져 여러 나라에서 광범위한 영향력이 생겼을 때, 갈수록 높아지는 공자의 명성과 그의 광범위한 교제권은 그가 세상에 나아갈 직접적인 기회를 제공했다. 그러나 공자는 그런 것에 급급하지 않았고 반대로 자기의 교육 사업에 더욱 몰두했다. 어째서일까? 공자의 마음 깊은 곳에 분명히 더 인간적인 이

유가 있었기에 그는 온 몸과 마음을 바쳐 평민 교육에 힘썼을 것이다. 그렇지 않다면, 그가 20년이나 되는 긴 시간을 "배움을 민간으로 옮기기"에 집중하며 바쁘게 보내지 못했을 것이다. 그 심오한 이유는 바로 평민 교육에 종사하며 자유롭게 자기의 인성과 의지를 드러내고 자신의 사상과 정신을 독립적으로 펼치며 얻는 큰 즐거움과 언제나 새로운 성취감이었다.

〈예기禮記・사의射義〉는 우리에게 이런 일화를 알려준다. "공자가 확상矍相의 밭에서 활을 쏘자 둘러싸서 구경하는 사람들이 담장같았다." 나는 이 일화를 보고 한동안 당시의 모습을 곰곰이 떠올렸다. 확상의 밭은 곡부성 서쪽 교외로, 공자가 그의 제자들에게 활쏘기를 가르치던 곳이다. 스승의 뛰어난 활쏘기 실력과, 학생들이 열심히 연습하는 모습, 쏘는 족족 명중할 때 사람들이 내지르는 환호성이 2천여 년의 시공을 뚫고 눈 앞에 펼쳐진다. 키가 1미터 90이 넘었던 공자는 위풍당당하고 기품이 넘쳤다. 그가 활을 당겨 쏘는 모습에 사람들은 모두 심장이 뛰었을 것이다. 유학의 대가 공자는 무예에도 뛰어났다. 더 말할 필요도 없이 "구경하는 사람들이 담장처럼 둘러쌓았다"라는 기록을 통해 그 당시 노나라 수도를 뒤흔들던 모습을 충분히 그려 볼 수 있다.

공자의 아들 공리孔鯉도 공자의 제자였다. 그러나 제자로서의 공리는 아버지의 각별한 돌봄을 받지는 못했다. 공자는 후대 사람들과는 다르게 손안의 권력으로 자기의 자녀를 위해 학교를 선택하고 가점을 주거나 입학 등의 부분에서 여러 가지 추가적인 돌봄과 혜택을 주지 않았다. 공자 당시에 진陳나라에서 온 이름이 진항陳亢, 자는 자금子禽이란 제자가 공리가 분명히 아버지에게 더 많은 가르침을 받고 있으리라 여겼다. 공리를 찾아가 스승으로부터 남들과 다른 무엇을 배운 것이 있는지 물었다. 정직한 공리는 대답했다. "없습니다. 혼자 서 계실 때 제가 뜰을 급히 지나가는데, '〈시

孔子의고향곡부를만나다

詩)를 배웠느냐?'라고 물으시기에 '아니요.'라고 대답하자, '〈시〉를 배우지 않으면, 다른 사람과 말을 제대로 할 수 없단다.'라고 하셔서 그 뒤로 〈시〉를 배웠습니다. 그가 말했다. 또 혼자 서 계실 때 제가 뜰을 지나가자 '〈예禮〉를 배웠느냐?'라고 물으셔서 '아니요.'라고 대답 하자 〈예〉를 안 배우면, 사회에서 제대로 설 수 없단 다.'라고 하셔서, 그 뒤로 〈예〉를 배웠습니다. 아버지께 들은 것은 이 둘 밖에 없습니다."(〈논어·계씨季氏〉) 진항 이라는 제자는 이 말을 듣고서 자기가 하나를 묻고 세 가지를 얻었다며 좋아했다. 시와 예를 배우는 것 의 좋은 점과 공자가 자기의 아들 공리를 편애하지 않는다는 것을 알았다.

공자는 자기의 스승의 덕德, 또는 빛나는 인품과 솔직함으로 제자들이 곁 에서 보며 자연스레 배우는 인성 교육을 실시했다. 그가 제자들에게 말했 다. "여러분은 내가 숨기는 것이 있다고 생각하나요? 나는 그대들에게 아 무것도 숨기는 게 없습니다. 나는 모든 행실은 그대들에게 공개되어 있습 니다. 이게 바로 나의 본심입니다."(〈논어·술이述而〉)

공자는 가르칠 때, 시종일관 효과가 좋은 개성화 교육을 견지했다. 백 사 람이 백 가지 모습을 가졌고, 지식, 배경, 성격이 다 다르니 공자는 언제나 각 사람의 다른 점에 따라 서로 다른 가르침을 주었다.

이런 예는 〈논어〉 중에 아주 많다. 맹의자, 맹무백孟武伯, 자유, 자하 등 의 사람이 모두 효孝에 대해 물었으나, 공자는 각자에게 서로 다른 대답을 주었다. 이것은 효가 여러 각도에서 설명될 수 있어서 이기도 했지만, 그가 가르치는 대상에도 서로 차이가 있기 때문이었다. 안연, 중궁, 사마우司馬 牛, 번지 등이 인仁에 대해 묻자 공자는 이들에게 서로 다르게 대답을 했다.

이런 개성화 교육은 여러 번의 교학상장教學相長(가르치고 배우는 과정을 통해 스승과 제자가 함께 발전함) 장면에서 드러난다. 〈논어·선진先進〉중의 한 가지 교학상장의 장면은, 고전으로 불릴만 하다. 오랜 세월 전해졌지만 여전히 볼 때마다 새롭다. 스승과 학생 사이의 솔직함과 우정, 가르치고 배울 때의 조화로움과 즐거움이 지면 위에 생생하게 묘사되었다.

어느날, 자로, 증석曾晳(이름은 점點, 증삼의 아버지), 염유, 공서화公西華, 네 명의 우등생이 스승과 함께 편안하게 앉아 있었다. 이때 공자가 먼저 입을 열었다. "내가 그대들보다 몇 살 더 많은 것을 신경 쓰지 말고 말해 보거라. 그대들은 평소 '다른 사람들이 자신을 몰라준다.'고 자주 원망을 하는데, 만약 어떤 사람이 그대들을 제대로 알아보고, 관리로 초청하려 한다면 어떻게 하겠는가?"

성격이 솔직한 자로가 다른 사람이 대답하기 전에 서둘러 대답했다. 만약 천 량의 병거를 가진 국가가 있다고 하면(춘추시기 이 정도면 제후 중에 큰 나라였음) 여러 대국 사이에 위치하고, 강적들이 호시탐탐 엿보며, 몇 년간의 전쟁을 겪어 재정이 위급하고 국내에는 재난까지 발생한 이런 나라가 만약 그의 손에 맡겨지게 된다면, 그는 3년의 시간을 써서 다스려 이 나라의 모든 사람들을 용기를 갖고, 모든 백성이 자기의 길을 잘 갈 수 있게 만들 수 있다고 했다.

염구冉求는 행동거지가 겸손하고 단정한 이미지를 갖고 있다. 그의 대답은 자로와 확연하게 달랐다. 사방이 육칠 리 또는 조금 더 작은 나라라도 자기가 맡아 다스리게 된다면, 3년의 시간 동안 그는 이 나라를 사회가 번영하고 사람들이 부유하게 만들 수 있으며, 예악을 바로 잡아 문화를 건설하는 일은 고명한 인재가 와서 착수하길 기다리는 수밖에 없다고 말했다.

외모가 단정했던 공서화의 대답은 또 달라서, 그가 이미 실력이 있다고 말하지 않고 그저 잘 배우기만을 바랐다. 제사 드리는 일이나 또는 외국과의 동맹회의 중에 그는 예복을 차려 입고 관을 쓰고 작은 사회자의 역할을 하길 바란다고 말했다.

공자는 세 사람의 대답을 듣고서, 고개를 돌려 비파를 연주하고 있던 증점에게 물었다. "증점, 그대는 어떠한가? 말해보시오." 증삼의 아버지 증점의 차례가 되자 진정한 클라이맥스에 도착했다. 느긋하게 거문고를 연주하고 있던 증점이 스승의 질문을 듣고 연주를 멈추고 손가락으로 줄을 가볍게 튕기자 맑고 세차게 울리는 소리가 났다. 그리고는 거문고를 연주하는 곳을 떠나 일어서서 스승과 그의 동료들에게 자기만의 다른 관점을 말했다. 공자의 시대에 음악은 시와 하나였다. 시는 부르고 읊을 수 있었고, 음악도 시의 내용을 갖고 있었으며 음악과 예와 배움은 하나로 묶인 관계였다. 수업 중에는 음악도 스승과 제자 사이에 스며들어 참여했다. 증점은 비록 거문고를 타고 있었지만 머리로는 스승이 물은 질문을 생각하고 있었고

공자열국행孔子列國行 장건중張建中 / 촬영

귀 기울이며 음악으로 표현하고 있었다. 그래서, 거문고를 연주하던 증점은 자기가 발언할 때가 되자 침착하게 대답할 수 있었다.

"저는 늦은 봄에 두꺼운 겨울 옷을 가벼운 봄 옷으로 바꿔 입고, 대여섯 명의 성인과 예닐곱 명의 아이들을 데리고 이수沂水 언덕 가에서 태양을 쬐며 기우제를 지내는 높은 무우대舞雩台에 올라 따사로운 바람을 쐬고 기쁘게 춤추고 외치며 실컷 놀다가 신나게 노래를 부르며 집에 돌아오고 싶습니다."(〈논어·선진〉) 사람과 사람이 화목하게 지내며, 사람과 자연이 하나되어 조화롭게 되면 사람의 마음도 조화롭고 원만한 세상으로 변한다. 여기까지 읽을 때면 항상 마음이 트이고 기분이 유쾌하면서도 의문이 한가지 솟아난다. 북방의 삼월은 꽤 추워서 이수에서는 수영을 할 수 없다. 이 "이수에서 목욕하다."는 어떻게 해석해야 할까? 증점이 묘사한 그런 경지에 몸과 마음을 푹 담그면 자연스럽게 그것이 야외의 이수 변에서 일광욕을 하는 것임을 알 수 있다. 겨울의 추위는 오랫동안 집을 나서지 못한 마음을

답답하게 만든다. 이수의 흐르는 물소리를 듣고, 햇빛을 온 몸과 마음에 쬘 수 있다면 그것은 큰 유혹일 것인가!

공자는 제자 네 명의 대답을 듣고 나서 증점의 대답에만 신속하게 대답했다. "나도 증점과 같다!" 공자가 큰 소리로 감탄하여 그도 증점의 마음과 같다고 말했다. 자로는 공자보다 9살 어리고, 증점은 자로보다 조금 어리고, 염유는 공자보다 29세가 어리고, 공서화는 가장 젊어서 공자보다 42살이 어렸다. 자로는 군사를 잘 통솔했고, 염유는 재정에 밝았으며, 공서화는 외교와 예절을 좋아했다. 세 사람이 모두 특기가 있어, 각자 큰 일을 맡길 만 했다.

그들의 발전 의지와 진취성을 보는 것은 스승으로서 당연히 매우 즐거운 일이었다. 그러나 스승은 세상 일에 대해 일반인이 흉내 낼 수 없는 통찰력을 갖고 있었기에, 재주가 있고 덕이 있어도 세상에 등용되지 못하고 심지어는 억울한 일을 당하는 것이 세상에서 흔한 일이라는 것을 알았다. 그래서 그는 증점의 담백함과 초연함을 이해하며 동감을 표시했다. 주희朱熹는 이 유명한 일화를 이렇게 풀이했다. "자기가 사는 곳에서 일상의 작은 일들에 만족하며 남을 위해 자기를 희생하려는 큰 뜻이 없는 것 같다." 이 해석은 일상의 평온함 속에 담긴 예사롭지 않은 인생 경험, 인품에 대한 추구, 물질에 의해 오염되지 않은 인성의 아름다움을 꿰뚫어 본 것이다. 이 장면은 공자가 떠돌기를 마치고 돌아온 늘그막의 일일 것이다. 왜냐하면 좌중의 공서화가 공자보다 42살 어려서 공자가 떠돌이 생활을 시작했을 때 그는 겨우 12세였기 때문이다.

아마 이렇게 말하는 사람들도 있을 것이다. "별 거 없네요, 그냥 노는 것 아닌가요? 포부를 펼치려 세상으로 나왔던 공자가 그럴 리가 있을까요?" 그러나 자세히 생각해보면 공자가 증점의 대답에 이러한 동질감을 드러낸 것은 증점이 추구하는 바에 공자와 그의 제자들이 추구하는 가장 높은 목표가 포함되어 있기 때문이다. 인간을 사랑하는 공자가 훌륭한 인성을 충분히 자랑하고 드러내지 않을 수 있겠는가? 삶 속의 즐거움과 고요함이 봄바람과 물 사이에서 아름다운 무지개가 되어 떠올랐다. 그 중에는 인성의 최고 경지가 나타나 있을 뿐 아니라, 이들 스승과 제자가 추구하는 가장 높은 수준의 사상과 정치적 이상이 숨겨져 있다. 사회가 안정되고 나라가 자주적이며, 경제가 번영하고 천하가 태평한 시대가 되어야만, 지식인과 평민 백성도 민주와 자유를 누릴 수 있는 사회여야만, 비로소 "늦은 봄에 봄옷으로 갈아입고, 어른 대여섯 명과 아이 예닐곱을 모아 이수에서 목욕하고 무우대에서 바람을 쐬며 흥얼거리며 돌아온다."에서 말하는 진실되고, 선하며, 아름다운 인생의 행복을 누릴 수 있을 것이다.

이것은 이상사회(대동세계大同世界)의 모습이었다!

이천사백 년 전의 거문고 소리가 여전히 귓가에 들리는 듯 하다.

이렇게 자유롭고 평등하게 각자가 자신의 의견을 가지고 토론하고 연구하는 방식은 행단의 돋보이는 특색으로 〈논어〉에도 이런 기록이 많이 남아 있다. 스승과 제자 또는 제자들끼리, 사람을 평가하기도 하고 사건에 대해 토론하기도 했다. 철학, 정치, 생활, 경제, 천하의 큰 일이나 아주 사소한 일일 때도 있었다. 끊임없이 얘기하며 점점 깊이 나아가 죽순을 까는 듯한 묘미가 있었고, 긴장되고 직설적이며 거침이 없었다. 서로 다른 견해를 거리낌 없이 소통하며 자유롭고 평등한 분위기 속에서 지혜가 자라고 사상이 풍부해졌다. 이런 교학상장 속에 스승과 제자 간에 우애가 자라났고, 가르치고 배우는 것에 대한 열의와 즐거움을 얻었다.

그들 사이의 우애와, 흥미, 즐거움을 하나하나 이해해 보는 것도 좋을 것이다.

> 자공이 물었다. "가난해도 아첨하지 않고, 부유해도 교만하지 않으면 어떻습니까?" 공자가 대답했다. "좋습니다. 하지만 가난해도 즐길 줄 알고, 부유해도 예의바른 것만 못합니다."
>
> 〈논어 · 학이學而〉

이것은 공자와 제자 사이의 토론이다. 자공은 입만 열면 높은 수준의 말을 하곤 했다. 가난하지만 아첨하여 비위를 맞추지 않고, 돈이 많지만 오만하며 다른 사람을 깔보지 않으면 어떻습니까? 이 "어떻습니까"를 통해 자공의 마음 속에 득의 양양한 기색이 있는 것을 볼 수 있다. 그는 권력을 차지하려 다투고 이익을 얻으려는 것과, 가난해서 아첨하고, 부유하기에 오만한 세태를 많이 보았기에 이런 말을 한 것이었고, 게다가 그는 이런 말을 할 자격이 있었다. 그는 재물도 많았고 사회에서 크게 쓰임 받은 큰 인재였으나 여전히 인간의 본성을 잃지 않았고 아첨하지도 오만하지도 않았다. 그는 이 정도만 해도 스승의 인정을 받을 수 있으리라 생각했다. 그러나 스승은 "괜찮습니다."라고만 대답했고, "그렇지만 가난하면서도 즐길 줄 알고, 돈이 많으면서도 겸손하고 예의 바른 것만 못합니다."라고 말했다. 자공은 이 말을 듣고 눈이 번쩍 뜨였다. 자공은 단지 감탄하고 인정하기만 할 뿐 아니라, 그는 스승의 기초 위에서 한 발 더 나아갔다. "〈시경〉에서 '뼈, 뿔, 상아, 옥 같은 것을 대하듯이, 먼저 재료를 선택하고, 줄로 쓸고 그 다음에 다시 새기고 광을 내야 한다'라고 했는데, 인격 수양이 이와 같다는 의미로 말한 것입니까?" 공자는 가르치면서 칭찬과 비평을 함께 사용했고, 물론 긍정과 칭찬을 위주로 해야 한다는 것도 잘 알았다. 이때, 스승은 기쁘게 칭찬하며 말했다. "자공, 지금부터는 그대와 〈시경〉을 논할 수 있겠구나, 그대에게 한 가지를 알려줬는데 훌륭하게도 하나를 보고 셋을 깨달았구나."

다음은 제자와 제자 사이의 토론이다. 서로 날카롭게 맞서고 싸울 듯한 긴박한 느낌이 있다.

孔子의 고향 곡부를 만나다

　　자유子游(성 언言, 이름 언偃)가 말했다. "자하의 제자들은 쓸고 닦고, 손님을 대접하고, 분수에 맞는 처신을 하게 하면 그럭저럭 잘한다. 그러나 이런 것들은 그저 소소한 일일 뿐이다. 사람됨의 근본이 되는 도리는 배우지 못했으니 이래서야 되겠는가?"

　　자하도 자하 나름의 생각이 있어 감정이 섞인 감탄사를 내뱉었다. "헐!" 첫마디부터 자유의 비난이 담긴 말을 부정했다 "자유 자네가 틀렸네!" 그리고는 한바탕 도리를 늘어놓았다. "군자가 배워야 할 도리 중에 뭐는 먼저 배우고 뭐는 나중에 배워야 할 게 있겠는가? 풀과 나무를 분별할 때도 먼저 각 종류 별로 나누는데, 군자의 도리도 각자의 수준에 따라 구분해서 배워야지, 어떻게 막무가내로 비판을 하는가? 배우는 중에 처음부터 끝까지 다

잘 이해할 수 있는 사람은 아마 성인 밖에 없을 걸세!

〈논어 · 자장子張〉

어떤 때는, 공자는 동일한 문제에 대해 자기의 학생들에게 각각 따로 대답을 하게 했다. 이것은 그들이 자신만의 관점으로 문제를 생각하고 대답하는 능력을 단련시키기 위한 것이면서, 이미 높은 수준에 도달한 학생을 가르치는 방법이었다. "어떤 사람이 지자知者(지혜로운 사람)인가? 어떤 사람이 인자仁者(어진 사람)인가?"라는 하나의 질문에 대해, 자로, 자공, 안연은 스승의 방에 각각 따로 들어가 서로 다르게 대답했다. "다른 사람이 자기를 알게 하는 사람이 지자이고, 다른 사람이 자기를 사랑하게 하는 사람이 인자입니다."(자로), "다른 사람을 아는 사람이 지자이고, 남을 사랑하는 것이 인자입니다."(자공), "자신을 아

유학풍儒學風

는 사람이 지자이고, 자신을 사랑하는 사람이 인자입니다."(안연顔淵) 스승도 각자에게 서로 다른 평가를 내렸다. 자로는 "선비라 할 만 하다.", 자공은 "군자라 할 만 하다.", 안연은 "현명한 군자라 할 만하다."(〈순자荀子 · 자도子道〉)라고 말했다. 사실, 이것이 세 사람의 수준으로 서로 통하는 부분이 있으면서도 정도의 차이가 있었다. 자로의 다른 사람이 자기를 알게 하고 사랑하게 한다는 대답은, 확실히 자공과 안회의 수준보다 조금 낮다. 언뜻 안회의 대답을 보면 역시 자신으로부터 출발한다. 그러나 이 '자신'은 이미 자공의 다른 사람을 알고 사랑하는 것을 포함하고 있으면서 자기 반성의 노력을 더욱 강조했다.

지금 우리는 그의 삼천 제자의 목소리와 웃는 모습이 어땠는지, 중국의 첫 번째 행단의 수업 장면이 어땠는지 자세히 알 방법이 없다. 그러나, 공자는 교육 분야에서 고전이라 불릴 만한 많은 유산을 남겼고, 이는 후손들의 행운이다.

"모든 사람을 차별없이 가르친다."는 공자의 교육 사상과 교육 실천 활동의 원칙으로 오늘날까지 여전히 긍정적이고 현실적인 의의를 갖고 있다. 약 이천오백 년이 지났지만 우리는 여전히 학업을 중단한 아이들 문제, 빈부 격차와 권력의 유무 및 크고 작음에 따라 교육 기회가 불평등한 현실을 마주하고 있고, 여전히 교육의 기형적인 발전과 교육이 부패한 심각한 문제를 직면하고 있다.

당시에 남곽혜자南郭惠子가 공자의 '차별없는 가르침'에 대해 이런 질문을 던졌다. "공자의 문하생은 왜 이렇게 잡다합니까?" 이에 대해, 공자의 제자 자공은 당당하게 대답했다. 군자는 품행을 단정하게 하여 사방의 선비들을 기다리며, 오는 사람을 거절하지 않으니, 좋은 의사에게 환자가 많이 몰리는 것처럼 스승님의 제자는 다양한 사람이 모두 있습니다.

공자의 '차별없는 가르침'에 대해 우리는 스스로 물어보아도 좋을 것이다. 우리는 실행하고 있는가? 우리와 어떤 차이가 있는가? 어째서 일까? 우리는 어떻게 해야 할까?

공자의 "인간의 천성은 비슷하지만 습관으로 인해 달라진다."(《논어 · 양화》) 라는 말은 중국의 교육 이론과 교육 실천에 있어서의 중대한 발전이었다. 세습 귀족제를 따르던 춘추시대에 공자는 처음으로 지위와 신분에 상관없이 사람의 본성이 모두 비슷하다고 주장했다. 자질 상의 근본적인 차이는 종종 후천적인 학습과 교육에 따라 결정되며, 교육이 사람을 근본적으로 바꿀 수 있다고 여겼다. 노나라 수도에서 멀지 않은 호향互鄕이란 지역의 사람들은 도덕 수준이 낮아서 사람들은 그들과 어울리기 힘들어 했으나, 공자는 그 곳의 젊은이 한 무리를 접견했다. 이에 대해 제자들이 이해하기 어려워하자 공자는 의미심장하게 말했다. "다른 사람이 자신의 잘못을 고쳐, 자기를 깨끗하게 하여 너희에게 오면, 너희는 그가 깨끗해진 것을 인정하고, 그들이 과거에 범한 실수를 끄집어내지 말아야 한다."(《논어 · 술이》) 이로써 그는 사람을 쓰는 새로운 표준을 제시했다. "배우고 남은 힘이 있으면 벼슬을 한다."(《논어 · 자장》) 그리고 이

영성문欞星門

로써 그는 "자신을 수련하고 가정을 안정시킨 후 나라를 다스리고 천하를 평정"하는 우수한 인재를 길러냈다.

"싫증 내지 않고 남을 가르친다.誨人不倦"는 공자가 일생 동안 견지한 교육 태도로, 후대의 교육 종사자들에게 교육의 기준을 제시했다. 그는 자기의 교육 생애를 마무리하며 이렇게 말했다. "사람들이 나를 훌륭하고 인자하다고 하지만 나는 감당할 수 없습니다. 나는 그저 배우는 데 싫증 내지 않고, 지겨워하지 않고 제자를 가르쳤을 뿐입니다."

비록 공자는 학생들과 평등하게 토론하고 연구하는 학습 분위기를 추구했지만, 선생으로서의 공자는 엄격하여 조금도 빈틈이 없었다. 특히 인덕仁德, 예악禮樂 등의 중요한 문제와 관련이 있으면 공자는 절대 타협하지 않았다. 어떤 사람이 위생고微生高가 솔직한 사람이라고 말하자 공자는 그것을 부정했다. 〈장자〉, 〈전국책戰國策〉 등의 책에서 위생고는 개성이 있고, 감정을 중시하고 사랑을 이해하는 사람이었다. 그는 서로 사랑하는 여자와 다리 밑에서 만나기로 약속을 했다. 오랜 시간을 기다렸으나 여자는 나타나지 않았다. 그러나 그는 인내심 있게 기다리며, 여자가 어떤 사정 때문에 제 시간에 오지 못할 뿐이라고 생각했다. 누가 알았겠는가! 갑자기 물이 불어났다(갑자기 산사태가 났다고도 한다). 피할 수 있었지만 그는 계속 다리 밑에서 기다렸다. 물이 점점 불어나 제대로 서있을 수도 없게 되었어도 그는 떠나지 않았다. 혹시나 여자가 온다면 다리 밑의 자기를 볼 수 있도록 그는 다리 기둥을 붙잡고 있다가 불어난 물에 익사했다.

이 이야기로 보면 위생고는 약속을 잘 지키는 성실한 사람이었다. 공자가 그의 솔직함을 부정한 것은 다음의 작은 사건으로 인한 것이었다. 어떤 사람이 위생고에게 식초를 빌리러 왔다. 그러나 때마침 위생고는 식초가 다 떨어지고 없었다. 그래서 그는 이웃 집에 가서 식초를 얻어와 빌려주었다. 이에 대해 공자는 말했다. "누가 위생고가 솔직한 사람이라고 하는가? 다른 사람이 그에게 식초를 조금 얻으려 하자 그는 자기에게 식초가 없는 것을 솔직하게 말하지 않았고, 이웃집에 가서 식초를 얻어와 그 사람에게 빌려 주었다."(〈논어 · 공야장 公冶長〉) 공자는 자기도 없는 식초를 이웃집에 가서까지 얻어와 다른 사람에게 빌려 준 것이 관대한 행위임을 잘 알았다. 그러나 공자는 이것을 아마도 매우 자세하게 생각했거나, 또는 위생고가 다른 의도가 있었다고 보았던 것이 아닐까? 예컨대, 식초는 본래 집에 항상 구비하고 있는 식재료로 일반적으로는 없을 수가 없는 것이다. 만약 솔직하게 식초가 떨어졌다고 말하면, 다른 사람이 자기를 인색하다고 여길까 봐 이웃집까지 가서 빌려다 주었을 수도 있다.

공자의 교학 방법은 융통성 있고 다양하고 창의적이어서 오늘날까지 후대 사람들이 참고하며 큰 도움을 얻고 있다. "배우기만 하고 생각하지 않으면 속기 쉽고, 생각만 하고 배우지 않으면 위태롭게 된다."(〈논어 · 위정〉)라며 그는 배움과 사고 능력을 결합해야 한다고 주장했다. "인물에 맞게 교육하고", "차근차근 잘 타이르며 가르칠 것"(〈논어 · 자한〉)을 주장했다. "하나를 보고 셋을 깨우친다."는 계발식 가르침으로 "배우려는 자가 조급해하지 않으면 일깨워주지 않고 애태워 하지 않으면 말해주지 않았다."(〈논어 · 술이〉) 스승과 학생이 서로 토론하고 연구하며 "(옥을) 자르고 깎고 갈고 닦는 듯이 한다."(〈논어 · 학이學而〉)는 교학 상장의 예가 되는 스승과 학생 간의 생동감 있는 장면을 〈논어〉의 곳곳에서 볼 수 있다. 실제 정치 평론과 실존 인물 평론을 연계하여 제자에게 사물을 인지하고 분석하는 능력을 길러주었고, 제자가 옳고 그름을 분별하는 올바른 선악관을 세울 수 있게 했다. 예를 들어, 노나라의 대부大夫 장문충臧文忠은 유하혜柳下惠가 덕과 재능을 겸비한 인재인 것을 잘 알았으나 임용하려 하지 않자, 공자는 그가 관직을 헛되이 차지하고 앉아 실속 있는 일은 하지 않는다고 비난했다. 또 다른 예로 그가 한 번은 태산泰山을 지날 때, 한 부인이 무덤 옆에서 통곡하는 것을 보고 자로에게 가서 무슨 이유인지 물어보도록 했다. 그가 이 부인의 외삼촌, 남편과 아들이 모두 호랑이에게 잡혀 먹히고도 이 깊은 산 속에는 '폭정'이 없기 때문에 여전히 이 사람이 잡아 먹히는 곳을 떠나지 않으려 한다는 얘기를 듣고, 공자는 "가혹한 정치는 호랑이보다 무섭다."(《예기 · 단궁檀弓》)라는 유명한 시사 평론을 내놨다.

학습 태도에 관해 공자는 여러 저명한 논점을 제기해 후대의 학자들에게도 도움을 주었다.

"아는 사람은 좋아하는 사람만 못하고, 좋아하는 사람은 즐기는 사람만 못하다."(《논어 · 옹아雍也》)라고 배우는 것을 즐거움으로 삼아야 한다고 주장했고, "아는 것을 안다고 하고 모르는 것은 모른다고 한다."(《논어 · 위정》)라고 하여 배움에 있어 실사구시實事求是(있는 그대로의 사실을 바탕으로 진리를 탐구함)를 추구할 것을 주장했으며, "부지런하여 배우기를 좋아하고 아랫사람에게 묻는 것을 부끄러워하지 않는다."(《논어 · 공야장》), "세 사람이 지나가면 그 중에는 반드시 스승이 있다. 그 중에 선한 사람을 골라 그의 선을 따르고, 그 중에 악한 것을 보고 나의 악을 고친다."(《논어 · 술이》)라고 하여 겸허하게 배우기를 좋아해야 한다고 했다. 어떤 이들은 "시경의 모든 작품을 배우고도 나랏일을 맡기면 처리하지 못하고, 외국에 사절로 보내도 독립적으로 판단하고 응대하지 못하니, 그들은 책을 아무리 많이 읽어도 무슨 소용이 있는가?"(《논어 · 자로》)라고 비난하며 배움을 실제에 활용할 수 있어야 한다고 했다. 또 의문을 가지는 정신을 칭찬하고, 질문을 많이 하도록 격려하며 말했다. "왜, 어째서라고 말하지 않는 사람을 나는 정말 어떻게 가르쳐야 할 지 모르겠다."(《논어 · 위령공衛靈公》) 또, 공자는 학습 중의 나태한 태도에 비난하며 부지런히 정진해야 한다고 했다. "종일 배불리 먹고 아무일도 생각하지 않으면 인재가 되기 어렵다. 바둑이라도 두는 것이 종일 빈둥대는 것보다 낫다."(《논어·양화陽貨》)

공자가 제기한 여러 학습 방법은 오늘날까지 여전히 응용되고 있다. "배우고 때때로 복습한다.", "옛것을 익히고 그것으로 미루어 새것을 안다."(《논어·학이》)라며 배운 것을 실제로 활용하고 여러 번에 걸쳐 기억할 것을 격려한다.

"다른 사람의 말을 많이 듣되 의심이 가는 것은 제쳐두고, 받아들인 나머지도 신중하게 말해야 근심이 적어진다."라며 배우면서 의심하는 정신을 주장했고, "일을 급히 하려 하면 오히려 이루지 못한다."라며 순서에 따라 차근차근 배울 것을 주장했다.

우리는 공자의 "다른 사람을 가르치는 것을 지겨워하지 않는다."라는 정신을 좋아하면서도, 종종 이 말 바로 전의 "배우는데 싫증 내지 않는다."라는 구절은 소홀히 여긴다. 그리고 배우는데 싫증 내지 않는다는 구절 앞에 한 구절이 더 있는데, 바로 자기가 보고 들은 바를 "묵묵하게 마음속에 기억해야 한다."는 것이다. 그가 일생 동안 삼천 명의 학생을 가르치고, 수십

공자성적도孔子聖蹟圖의 작가구릉(作歌丘陵, 노래를 지어 감회를 읊다) 명대明代

여 년에 걸쳐 많은 학생들에게 환영 받았던 아주 중요한 이유는 공자가 시종일관 끊임 없는 배움의 길을 걸었기 때문이다. 그리고 이 배움은 지식을 늘릴 뿐만 아니라 사상을 지속적으로 개발시키고 덕성을 끊임없이 단련하며 실천과 지식을 서로 촉진시키고 스승과 학생이 서로 성장하게 한다. 자세히 생각해보면 그의 삼천 명의 제자는 모두 그의 스승이었다. "그 중의 선한 사람을 골라 그의 선한 것을 배우고, 그 중 선하지 못한 사람을 보고 나의 안 좋은 점을 고친다.", 이것이 바로 공자의 일생의 태도와 행동 방식이 아니겠는가? 그는 자로에게 "아는 것은 안다고 하고 모르는 것은 모른다고 하라."라고 가르쳤다. 여기서 공자가 실제로 강조한 것은 모르고 이해가 안 갈 때이다. 성실한 태도로 모르는 것은 모른다고 하고 이해 못하면 못한다고 해야 한다고 했다. 그러나 모르고 이해하지 못한다고 인정하는 것은 단지 좋은 태도일 뿐, 이것만으로는 부족하다. 모름에서 앎으로 바꾸고, 이해하지 못함을 이해하는 것으로 바꿔야 한다. 이 변화를 촉진하는 것은 끊임없는 배움 및 배우길 즐기는 태도로, 묵묵히 기억하고, 싫증 내지 말고 배워야 한다.

한 번은 자장子張이라는 학생이 스승에게 '벼슬하는 방법'에 관해 물었다. 어떻게 밥벌이를 하고 좋은 직업을 얻을 수 있느냐는 질문이었다. 자장의 성은 전손顓孫, 이름은 사師로 공자보다 46세 어렸고, 출신이 비천하여 이전에 말시장의 관리인을 한 적이 있었으나, 어렵게 공부하여 공자의 뒤를 잇는 '유가의 여덟 유파' 중의 하나가 되었다. 그는 스승에게 품행, 세밀하게 관찰하는 방법, 통달, 착한 사람의 길, 현명함, 덕을 높이고 미혹을 분별하는 법, 영윤자문令尹子文에 대해, 관리가 되는 방법, 정치와 이번의 '벼슬하는 방법'까지 포함하여 여러 번 가르침을 구했었다. 자장은 사람에 대해 보기 드문 관용의 마음을 갖고 있었다. 한 번은 자하의 제자가 그에게 친구를 사귀는 것에 관해 가르침을 구했다. 자장이 먼저 물었다. "그대의 스승 자하子夏는 어떻게 생각하는가?" 자하의 학생이 대답했다. "우리 선생님은 사귈 만 하거든 사귀고, 사귈 만하지 못하면 멀리하라고 하십니다." 자장은 그렇지 않다고 여기며 말했다. "군자는 어진 사람은 존경하고, 보통 사람도 포용해야 한다. 뛰어난 사람을 칭찬하면서 무능한 사람도 동정해야 한다. 만약 자신이 큰 현인賢人이라면, 어떤 사람들인들 포용하지 못하겠는가? 만약 내가 훌륭한 현인이 아니라면 다른 사람들이 나를 거절할 테니, 내가 다른 사람을 거절하지 않아도 될 것이다."

산동山東 가상嘉祥 무씨사武氏祠의 한漢대 화상석畫像石에 새겨진 〈공자견노자孔子見老子〉에는 오직 세 명의 제자만 이름이 표시되어 있는데, 한 명은 자장이고 나머지 두 명은 자공과 자로이다. 이번에 자장이 공자에게 '벼슬하는 방법'에 관해 물었다. 공자가 그에게 말했다. "많이 듣되 의심 가는 것은 걸러라.", "많이 보되 미심쩍은 것은 제쳐 놓아라."

공자는 정말 대단하다. '밥그릇 찾는 일'에도 뜬구름 잡는 소리 대신 실용적인 말을 했다. 많이 들어야 한다. 의심이 가는 부분은 남겨두고, 자신 있는 부분만 신중하게 말하라. 많이 봐야 한다. 의심 가는 부분은 남겨두고, 자신 있는 부분만 신중하게 실행에 옮겨라. 이렇게 할 수 있으면, 곧 "말에 실수가 적고 행동에 후회가 적어져 녹봉(관리의 급여)은 저절로 얻게 된다." 자기의 제자들에게 많이 듣고 많이 보고 많이 경험하라고 했지만 사실상 어떻게 공부해야 하는지를 알려준 것이다.

중국의 첫 번째 행단 위에 새겨진 '학습學習'이란 두 글자는 학생만의 학습이 아니라 스승의 학습까지 의미한다. 이 두 종류의 학습이 병행되어야 행단이 끝임 없는 매력과 생명력을 유지할 것이다. 그리하여 그의 학습에 대한 사상들도 세월이 갈수록 더욱 새로워질 것이다.

"배우고 때때로 익히면 어찌 기쁘지 않겠는가?"(〈논어·학이〉)로부터 시작

大成至聖先師孔子

공자의 초상화

하여, "열 가구 밖에 없는 작은 마을에도 나 같이 책임을 다해 일하고 신용을 지키려는 사람은 있지만, 나처럼 이렇게 배우길 좋아하는 사람은 찾기 힘들 것이다."(〈논어·공야장〉), "매일 자기가 모른다는 것을 알고, 매달 자기가 이미 아는 것을 잊지 않는다면, 이것이 진정으로 배움을 좋아하는 것이다."(〈논어·자장〉), "하나를 보고 열을 알 듯이 추리하며 배워야 꽉 막히지 않게 된다."(〈논어·위령공〉), "다방면으로 공부해야 편협해지지 않는다."(〈논어·학이〉)", "아랫 사람에게 묻는걸 부끄러워하지 않는다.(〈논어·공야장〉)", "태묘에 들어가서는 모든 일을 일일이 물어본다."(〈논어·팔일八佾〉, 〈논어·향당鄕黨〉), "많이 듣고 많이 보고 좋은 것은 마음으로 기억하여 자기의 품성과 지식으로 삼아라."(〈논어·술이〉), "배움과 생각을 결합하라."(〈논어·위정〉), "나는 태어날 때부터 알던 사람이 아니라 고대 문화를 좋아하고 열심히 공부해서 알게 되었을 뿐이다."(〈논어·술이〉) 등등. 이오李敖(대만 학자)는 "영원한 스승의 모범萬世師表"인 공자를 "영원한 제자의 모범萬世生表"이라고 멋지게 표현했다.

행단에서의 수업은 이미 이천여 년이 지났지만 그의 인간 중심적이고, 깨우쳐 주는 교학 방식은 현대인들의 시험만을 위한 주입식 교육을 부끄럽게 만든다. 평민 교육가인 공자, 중국 최초로 인민의 스승이 된 공자는 영원히 파내도 끝이 없는 보물 창고와 같다.

제3장

곡부 삼공

# 공 묘

춘추시대부터 현재에 이르기까지 중국은 이천 오백여 년 동안 수많은 왕조들이는 주마등처럼 지나갔다. 그러나 곡부의 공묘는 세월의 거센 흐름 속에서도 침착하게 우뚝 서서 세월이 지날수록 더욱 새로워져 갔다. 공묘는 자애로운 공자를 세계로 나아가게 할 뿐만 아니라, 중국을 응집한 영혼으로써 후손 만대에 이르는 긴 시간 동안 사람들 마음속의 성지로 자리매김 했다.

이십여 세기 동안, 시국이 평안한 때이던 암담하고 어수선한 때이던 상관없이 말 없는 강산과 그 위에서 힘겹게 전진해 온 사람들은 언제나 이곳을 정신적으로 의지했다. 노애공魯哀公 시대의 공자의 3칸 집을 개조한 사당이거나 최종적으로 증축된 13만㎡ 부지와 104채 466칸의 전각과 문방門坊을 가진 성대한 성묘이거나 민족의 유전자에 스며든 공자로 인해 공묘는 인류의 여정 중의 영원히 꺼지지 않는 등대이자 굴곡진 역사의 증인이 되었다.

제왕들이 연이어 방문하여 20여 차례 곡부 공묘의 대성전 앞에서 무릎을 꿇고 머리를 세 번 땅에 닿게 절하는 지극한 예를 표했고, 황제가 임명하고 파견한 고위급 관원이 조정을 대표하여 공묘에 제사를 지낸 것은 196 차례나 된다. 이와 함께 공자에 대한 추봉追封 열풍이 불어, 공자는 '니부尼父'에서 '대성지성문선왕大成至聖文宣王'까지 루신魯迅의 말처럼 '놀랄 만한 정도'로 추대 되었다. 전제 제도를 대표하는 황제들이 왜 이렇게 우르르 몰려 들었을까? 의외로 말 위

에서 천하를 얻어낸 원元 왕조의 무종武宗 황제의 조서 중에서 그 속내를 찾아볼 수 있다. "신명한 화육化育을 숭상하여 우리 원나라가 복을 받는다."

곡부 공묘의 기억 속에는 사마천司馬遷이 이곳에서 제사 드린 것이 영원히 남아 있을 것이다. 그는 공자가 당시에 살던 집을 자세히 살펴보고, 공자가 사용한 수레, 제사 그릇을 일일이 손으로 어루만지며 오래도록 떠나지 못하고 역사의 강에서 독보적인 감탄을 마음속 깊은 곳으로부터 뱉어냈다. "천하에 군왕과 현인은 매우 많지만 살아 있을 때는 영화를 누리나 죽으면 아무것도 없게 된다. 공자는 평민이었지만 그의 사상이 후대에 전해져 학자들이 그를 존숭했다."(《사기 · 공자세가》) 궁형宮刑을 받아 환관과 같은 처지가 된 사마천은 공자의 앞에 서자 자기를 눌러 땅 바닥에 짓밟은 한무제漢武帝에 비해 자기가 더 크고 힘이 있음을 다시 한번 명확하게 깨달았다. 평민으로 태어나 평민으로 죽고, 14년의 유랑 생애 중 '상갓집 개와 같이 초췌한' 공자는 당연히 평민의 정신 세계와 사상을 가지고 있었다.

공자는 제왕과 문무 대신이 받드는 '신'이자, 한편으로는 평민인 '사람'이다. 어느 것이 옳고 그른지는 현재까지도 논쟁이 치열하다.

사람이 "모두 왕의 신하"라는 제도에 의해 약화되고 작아져 노예와 노비가 되어버린 시절에 '신'으로서의 공자가 비록 오랫동안 중국에서 주류의 지위를 차지했지만, 등한시되고 가려진 평민으로서의 '사람' 공자는 여전히 살아남아

孔子의 고향 곡부를 만나다

공자성적도孔子聖蹟圖의 산술육경(刪述六經, 육경을 정리하여 기술하다) 명대明代

대성전大成殿

인간미를 물씬 풍기며 서 있다. 공묘의 시례당詩禮堂은 1684년 11월 18일 오전 8시쯤의 역사적 시점에서 멈춰 있다.

시례당의 북쪽 벽 아래, 강희康熙 황제가 남쪽을 향해 경건하게 서서 책상 위에 책을 펼쳐 두 개의 황금 자로 눌러 놓은 채, 공자의 후손 공상임孔尚任의 〈대학大學〉 강의를 들었다.

이미 불후의 명작 〈도화선桃花扇〉을 준비하고 있던 공상임은 시례당의 남쪽 벽 아래 황제와 서로 마주 서서 교본을 펼쳐 두 개의 황금 자로 눌러 놓고 정중하면서도 맑고 우렁찬, 흉금으로부터 나오는 자신 있는 소리로 강의했다. 그 소리는 기운이 왕성하여 건물 지붕까지 울렸다. "큰 학문의 의도는 광명정대한 덕성을 발양하는 데 있고, 사람을 새롭게 하는 데 있고, 가장 완벽한 경지에 도달하게 하는 데 있다."

나는 공묘에 셀 수 없이 많이 갔었다. 갈 때마다 시례당에 잠시 머무는데, 황

공묘의 한 모퉁이 공홍안孔紅雁/ 촬영

제와 마주하여 홀로 선 모습, 가슴 속의 생각을 솔직하게 밝히는 소리가 마치 내 눈 앞에 있고 귀에 들리는 듯 하다. 원래 나는 공자의 제자인 자공 같이 열국의 군주와 어깨를 나란히 하는 지식인으로 끝나지 않을 것처럼 길었던 황제의 집권 시간 속에서 자취를 감추어 거의 사라졌으리라고 생각했다. 사실은 그렇지 않다. 이렇게 큰 공묘에서 조용히 걷고, 보고, 생각해보면, 한 줄기 진정한 인문의 맥락이 지하에서 맹렬하게 움직이며 멈추지도 쉬지도 않는 것을 알게 된다. 공자의 사상을 상징하는 '선사수식회 先師手植檜(공자가 직접 심은 전나무)'도 몇 번의 무성함과 시듦을 거쳤지만 여전히 살아남아 세월을 누리고 있지 않은가?

공묘의 여섯 번째 원락院落(안뜰)의 13개의 비각 안에는 당, 송, 원, 명, 청의 황제들의 거대한 비석 50여 개가 빽빽이 늘어서 태산 같은 위엄과 엄중함이 있다. 그러나 그 근처, 공묘의 중심 건물인 대성전의 앞 쪽에는 신선한 물이 늘 흐르는 시냇물 같은 행단杏壇이 있다. 이것은 중국 민중의 첫 번째 학교로, 중국에서 교육이 민간으로 확대되는 발단으로, 마치 사수泗水의 물처럼 "밤낮으로 멈추지 않고 흐르며" 흑암과 어리석음은 휩쓸어 버리고 문화와 사상의 샘물을 굳고 메마른 땅과 마음 밭으로 흘려 보냈다. 대성전과 십삼비정十三碑亭이 이 행단과 대치하며 서있는 것 같지 않은가?

이러한 대치는 어떤 때는 문명과 야만의 대치로 변환되기도 했다. 1511년, 하북河北 사람 유육劉六과 유칠劉七이 농민 봉기군을 이끌고 곡부의 공묘에 주둔해 대성전에서 말을 먹이고, 책을 수장하는 규문각奎文閣 등의 건물을 훼손했다.

공묘는 시간의 긴 강 중에 흐르고, 공묘는 사람들의 마음 속에 있다.

세상에는 이천여 개의 공묘가 있는데, 곡부의 공묘는 조상의 신주를 모신 조묘祖廟라 할 수 있다. 21세기가 이미 10여 년이 지났다. 오래되었으나 활력이 충만한 곡부의 공묘는 앞으로도 무수히 많은 새로운 세기를 맞이할 것이다. 공묘의 문턱은 여전히 옛날과 같이 높지만 매일 수천 수만의 평범한 중국인과 세계 각지의 사람들이 이곳으로 드나든다. 다시 이천 년이 지나 사람들이 이 공묘의 대문을 넘어 들어올 때, 온몸에 인간미가 넘쳐 흐르는 공자와 정면으로 마주치게 되지 않으리라고 누가 감히 말할 수 있겠는가?

공묘 규문각 공홍안孔紅雁/ 촬영

곡부 공묘 십삼비정

공묘 금성옥진방金聲玉振坊

# 공부孔府

연성공부衍聖公府, 속칭 '공부孔府'는 곡부성 안의 공묘 동쪽에 있으며, 중국에서 현재 유일한 비교적 완전한 명대 공작부公爵府이다. 연성공은 공자의 직계 자손에게 세습되는 작위로, 직무는 공자의 제사와 공씨의 가족 관련 업무를 관리하는 것이다.

공부의 현재 규모는 명나라 홍치弘治 16년(1503년)에 형성되었다. 청나라 광서光緒 11년(1885년)에 큰 불이 나서 공부의 내택이 모조리 불에 타, 남겨진 명대의 원래 건물은 주로 내택 이외의 일부 건축물 즉, 대문大門, 예문儀門, 대당大堂, 이당二堂, 삼당三堂, 두 개의 곁채兩廂, 전상방前上房, 내택문內宅門 및 동로東路 보본당報本堂 등이고, 나머지는 모두 청대에 중건하거나 증축한 것이다.

1961년 3월, 국무원國務院이 이곳을 1차 전국 중점 문물 보호 단위로 지정했고, 1994년 12월, 유네스코가 이곳을 세계 문화 유산으로 지정했다. 공부는 공자의 적계 장손이 거주하는 곳이자 역대 연성공의 관아와 사저이다. 초기의 공묘는 공자 고택 3칸뿐이었으나 그의 후손이 누추한 고택에서 공자에게 제사 지냈고, 사당 곁에 집을 지었다. 지금의 공부는 공자의 지위가 계속 높아짐에 따라 점차 발전하고 확대되어 형성된 것이다. 역대 봉건 왕조는 공자를 추존하면서, 공자의 후손에게도 두루 은혜를 베풀었다. 한대

공부의 대문

로부터 시작해서 역대 왕조는 모두 공자를 추존해왔고, 그의 적계 후손을 극진하게 돌보아 그 정도가 나날이 후하게 되었다. 역대 황제는 공자와 그의 가족을 계속 제후로 봉하고 작위를 주는 동시에 식읍(식읍을 하사하는 것은 봉건 왕조에서 일정한 호수마다 내야 할 세금을 봉호封戶에게 하사하는 것이다.), 제전祭田 등도 하사했다. 한漢 원제元帝 이후, 식읍은 800호, 1000호에서 2000호까지 달했다. 그 외에도 연성공은 각종 세금, 부역 등을 면제 받는 특권을 누렸다.

공자의 직계 후손은 공자에게 제사 드리기 위해 원래는 궐리의 고택 '습봉택襲封宅'에 살았다. 공자의 지위와 자손의 관직이 높아짐에 따라 공씨의 주택도 점차 넓어졌다. 조위曹魏시기에 공묘 바깥에 "집을 넓혀 학자를 살게 하여" 학문을 강의하게 했다. 북송 말기에 공씨 후손의 주택은 이미 수십 칸으로 늘어났다. 금대金代에 공자 후손의 주택으로 묘의 동쪽에 이미 '객관客館', '객위客位', '재당齋堂', '택청宅廳', '은경당恩慶堂', '쌍계당雙桂堂' 등의 건물이 있었다.

한漢 고조高祖 때부터 공자의 9대손 공등孔騰을 '봉사군奉祀君'에 봉하여, 공자림孔子林과 묘를 지키고 조정을 대표해 공자에게 제사를 지냈다. 한 원제元帝는 공자의 13대손 공패孔霸를 '관내후關內侯'에 봉하고, "식읍食邑 800호 금 200근斤과 저택을 하사했다." 이것은 봉건 제왕이 공자의 후손에게 저택을 하사한 가장 오래된 기록이다. 당唐 개원開元 년간에 공자를 '문선공文宣公'에 봉했다. 송宋 인종仁宗 보원寶元 년간(1038년~1040년)에 공부를 증축하기 시작했고, 송 인종 지화至和 2년(1055년)공자의 46대손 공종원孔宗願이 '연성공衍聖公'으로 봉해진 후, 별도의 새 저택을 지어 '연성공부衍聖公府'라고 불렀다.

송 휘종徽宗 때 '세습연성공世襲衍聖公'으로 봉해진 후, 이 연성공 칭호는 줄곧 계속되어 금, 원, 명, 청에 대대로 이어졌다. 명대에는 공자에 대한 존숭과 연성공에 대한 예우가 이전 시대를 훨씬 뛰어넘어 연성공을 일품 고관으로 높이고 문관의 수장 반열에 올려 존귀하고 영광스런 전성시대에 진입했다. 명明 홍무洪武 10년(1377년), 명 태조太祖 주원장朱元璋이 칙령을 내려 공부에 새 저택을 건설하고 조서를 내려 관서를 설치할 권한을 주었다. 명明 홍치弘治 년간에 공묘가 화재를 겪자 홍치 16년(1503년) 황제의 칙령으로 궐리의 공묘와 연성공부를 크게 수리했다. 공부는 그에 따라 다시 중건되었다. 명明 가경嘉靖년간, 공부와 공묘를 지키기 위해 황제는 곡부현성縣城을 옮기도록 명령을 내려 "성을 옮겨 묘당을 지켰다". 10년의 시간을 거쳐 곡부 신성新城을 건축했는데 성벽이 높고 바깥에는 깊은 해자를 팠으며, 공부와 공묘는 성 안에 두어 공부를 오늘날의 규모로 다졌다.

청대에는 공자를 추존하고 성인의 후손을 우대하는 정책을 힘써 행하여, 역사적으로 세습되어 오던 공자와 그 가족에 대한 각종 우대를 "모두 계승시켰다". 청 도광道光 23년(1843년), 건물을 오래도록 수리하지 않아 많이 무너져 내려 "오래된 것을 새롭게 하되 그 기

초를 버리지 않아 비용을 낭비하지 않는다"라며 소규모의 보수를 진행했
다. 청 광서光緖 9년(1883년), 한 차례의 큰 화재가 공부 내택의 7 동의 건물
을 불태웠고, 그 후 광서 11년(1885년)에, 원래의 기초 위세 비교적 큰 규모
로 중건하여 은 팔만여 냥兩을 들였는데 이것이 공부의 마지막 대규모 공
사이다. 청 왕조의 쇠락에 따라, 연성공부의 건물도 점차 훼손되었고, 강희
康熙년간에 지은 '란당蘭堂', '구여당九如堂', '어비루御碑樓' 등이 차례로 무너
져 사라졌다. 신해혁명辛亥革命이 군주제를 뒤엎은 후, 민국 시기에도 공자
의 직계 자손은 여전히 전대의 영전을 누렸다. 공자의 77대손 공덕성孔德成

을 '대성지성선사봉사관大成至聖先師奉祀官'으로 바꿔 부르고, 특임特任 문관
으로 대우했다. 1936년 공덕성孔德成이 결혼할 때 공부를 전면적으로 보수
했다.

앞에서 말했듯이, 공부의 보존된 건축물은 주로 명, 청 시대에 지은 것들
이다. 공부의 부지 면적은 약 5,040㎡이고, 각종 건축물은 463칸이다. 관저
내부는 대규모의 건물들이 빽빽이 늘어섰고, 긴 행랑이 구불구불하고, 기
둥과 대들보는 화려하게 장식되어 웅장하고 화려한 전형적인 중국 봉건 귀
족 장원이다. 이곳은 중국에 현존하는 규모가 가장 크고 건물이 가장 호화

공부 이당二堂

117

제3장

곡부 삼공

공부 조감도

로운 봉건 관료 귀족의 관저로 '천하제일가天下第一家'로 불린다. 공부에는
명대 가경嘉靖 13년(1534년)부터 1948년까지의 문서들이 보관되어 있는데,
이것은 세계에서 지속 연대가 가장 오래되고 범위가 가장 넓으며 보존이
가장 온전한 민간 문서이다.

　공부는 전청前廳, 중거中居와 후원後園으로 나뉜다. 전청은 관아로, 대당,
이당과 삼당으로 나뉘며, 연성공이 공무를 처리하는 장소이다. 연성공은
정일품 관리 등급이자 문신의 수장으로 비교적 큰 특권을 누렸다. 전청에
는 지인知印, 장서掌書, 전적典籍, 사악司樂, 관구管勾와 백호청百戶廳 등 여섯
개의 사무 기관을 설치하여 공부를 관리했다. 중거中居는 안채와 뒷뜰로 연
성공과 그의 가족이 활동하는 공간이다. 안채의 앞뒤 건물은 어른, 마님,

도련님과 아가씨가 사는 방으로, 지금은 오래된 마호가니 가구와 신식의 소파 등 당시의 생활 용품을 진열하고 있다. 공자의 77대손이자 마지막 연성공인 공덕성孔德成의 방 안에 당시 결혼 때 사용한 중국과 서양의 양식을 결합한 가구가 놓여 있다. 마지막 원락은 화원으로 철산원鐵山園이라고도 불린다. 원내에는 석가산, 물고기를 기르는 연못, 꽃을 재배하는 둑, 대나무 숲과 각종 화분 분재 등을 모두 갖추고 있다. 특히 "다섯 측백나무가 홰나무를 안다.五柏抱槐"라는 기이한 나무는 오래된 측백나무에서 다섯 개의 가지가 뻗어나와 한 그루의 홰나무를 감싸 안은 형태로 매우 보기 드문 것이다.

공부가 수장 중인 대량의 역사 문물 중 가장 유명한 것은 '상주십기商周十器'로 "십공十供"으로도 불리며, 형태가 고풍스럽고 무늬가 아름답다. 원래는 궁정에서 소장하는 의식용 청동 제기였으나, 청 건륭乾隆 36년에 공부에 하사했다. 공부에는 금석金石, 도자기陶瓷, 대나무, 상아 조각, 옥 조각, 진주珍珠, 마노瑪瑙, 산호珊瑚와 원, 명, 청 각 왕조의 여러 형식의 의관, 검과 신발, 조복과 홀笏, 그릇을 소장되어 있고, 그 외에 역대 명인의 글자와 그림이 소장되어 있는데 그 중 원대의 칠량관七樑冠은 중국 내에 하나 뿐이다.

성인의 계보圣脉가 오래 이어지면 재미있는 이야기들이 생겨나게 마련이다. 기록하여 성스런 기운이 자욱한 공부에 사람 사는 연기를 피어 올려도 좋을 것이다.

공자의 아들 공리는 자가 백어伯魚로, 아버지에게 시와 예절을 배웠으며 변론에 능했고, 평민으로 일생을 마쳤으며 아버지 보다 먼저 죽었다. 공급孔伋의 자는 자사子思로 일생 동안 가난했지만 그 뜻을 바꾸지 않아 안분지족의 길을 개척했다. 그는 평생 학문을 게을리하지 않았고 〈중용〉을 지어 공자를 계승하고 맹자에게 전파하여 한 시대의 유학 대가가 되었다. 공백

孔白은 자가 자상子上으로 공급의 아들이며 아버지에게 시경과 서경, 예악을 배웠고 제나라 위왕威王에게 직하학궁稷下學宮에 부임하길 두 번 요청 받았으나 출사에 뜻이 없던 공백은 모두 거절했다. 공구孔求는 공자의 오대 적손으로 분쟁이 그치지 않던 전국 시대에 "유가와 도교에 통달했고", 초楚나라에서 불렀지만 응하지 않고 조용히 은거했다. 공구의 아들 공기孔箕는 자가 자경子京이고, 기록에 의하면 위魏나라의 재상을 지냈다고 한다. 공기의 아들 공천孔穿은 자가 자고子高이며, "뜻을 굳건히 하여 널리 공부했고 고요하고 마음이 깨끗하여 왕을 보좌할 만한 재능이 있었다.", 초楚, 조趙, 위 삼국에서 사신을 보냈지만 모두 거절했다. 공손룡公孫龍과 '백마비마白馬非馬(백마는 말이 아니다)', '장삼이臧三耳(두 개의 귀 이외에도 듣는 것 자체도 하나의 귀 다)' 등의 철학 문제들을 토론했고 제齊나라 왕에게 권하여 다섯 수레로 찢어 죽이는 차열車裂의 형벌을 폐지하게 했다. 공천의 아들 공겸孔謙은 자가 자순子順 또는 자신子慎으로 위나라의 재상을 지냈으나 비방을 받고 사직했다. 그의 가장 큰 공헌은 목숨을 보존하기 어려웠던 그 시대에 공씨 가문을 위해 3명의 아들, 공부孔鮒, 공등孔騰, 공수孔樹를 낳은 것이다. 공묘의 노벽魯壁은 공부와 관련이 있다. 그는 당시의 대학자로 진시황의 분서갱유 중에 공부와 아우 공등은 〈논어〉, 〈상서尚書〉, 〈효경孝經〉 등의 경전을 "조묘祖廟의 오래된 벽 중에 숨겼고", 일족과 제자들을 이끌고 숭산嵩山에 은거했으며, 진나라에 대항하는 반란군에 의탁하여 진승陳勝의 박사博士가 되었다. 공부가 숭산嵩山에 은거하자 공등은 적통을 계승하여 적장자가 되었다. 그후의 공문孔門은 공등의 계보로 이어졌다. 한 고조高祖는 공자의 9대손 공등을 '봉사군奉祀君'에 봉했는데, 이것은 역사상 첫 번째로 중앙 정부가 성인의 후손을 제도권 안에서 직접적인 계승자로 책봉한 것이다. 그 뒤로는 〈상서〉를 연구하여 한무제를 위해 박사가 되었던 공안국孔安國이 있고, 황제의 스승이 된 공패孔霸, 승상에 오른 공광孔光, 한무제를 모시고 공자에게 제사를 지낸 공지孔志가 있으며, 포성후襃成侯를 세습받은 공손孔損, 자금을 대서 〈을영비乙瑛碑〉를 수리한 공요孔曜, 위문제魏文帝 조비曹丕에게 총애를 받은 공흠孔羨이 있다.

당唐 왕조도 공자를 높이 받들었다. 당 현종玄宗이 공자에게 '문선왕文宣王'이란 시호를 내려 공씨 가문에 5대 동안 세습되었다. 그러나 당 말엽에 이르러 사회 질서가 혼란해지자 공자의 후손은 작위를 잃게 되었고 공자의 42대 적손 공광사孔光嗣는 사수주부泗水主簿라는 작은 관직만을 지냈다. 더욱이 공말孔末의 난亂을 겪고 나서는 공씨 가문은 거의 멸문될 뻔 했다. 남조 송나라 때, 조정은 곡부의 공경孔景等의 다섯 가구를 공림과 공묘를 청소하게 했고 후대에 세습시켰다. 공경등은 본래 성이 유劉씨 였으나, 주인을 따라 공씨로 성을 바꿨다. 공광사孔光嗣 때에, 공경의 후손 공말은 공씨 가문이 대부분 흩어져 곡부에 열 가구도 거주하지 않는 것을 보고, 후량后梁 건화乾化 3년(913년)에 군사를 모아 공광사를 죽이고 곡부의 공씨 가문을 "거의 끊어지게 만들었다." 그 후, 공말은 공자의 후손을 사칭해 작위를 세습하여 곡부현령을 겸임했으니, 이것이 바로 공씨 가문 역사상 저명한 '공말의 난'이다. 하늘도 눈이 있어 공광사의 아들 공인옥孔仁玉이 막 9개월이 되었을 때, 어머니가 공림孔林 뒤의 장양張陽의 외가집에 안고 갔다. 공말이 무리를 이끌고 장씨의 집을 포위 했을 때, 장가는 공인옥을 지키기 위해 고통을 참고 자기의 아들을 내놓았다. 그 후, 공인옥은 이름과 성을 바꾸고 장씨 집안에서 자랐다. 후당後唐 명종明宗 장흥長興 원년元年(930년), 공말은 성인의 후손을 사칭한 것이 폭로되어, 조정의 조사를 거쳐 공말은 죽고 공인옥은 본분을 회복했고 문선공을 계승하여 나중에는 오품 곡부현령을 지냈고, 죽은 후 병부상서兵部尚書로 추서 되었다. 공씨 가문은 이 큰 어려움을 겪고 나서 다시 부흥했고, 공씨 가문은 공인옥을 '중흥조中興祖'라고 불렀다.

연성공의 정식 봉호封號는 대송 지화至和 2년(1055년)에 이르러, 인종仁宗황제가 박사 조무택祖無擇의 건의를 받아들여 조서를 내려 지성문선왕 46대손 공종원孔宗願을 연성공으로 삼았다. 이것이 칙명으로 연성공을 봉한 시초로, 공종원이 작위를 책봉받은 처음 사람이 되었다. 이후 800년 간, 연성공은 쭉 이어져 중단되지 않았고, 공부에도 일일이 열거하기 어려운 많은 이야기들이 생겨났다.

첫 번째 이야기: 북송과 남송에 걸친 공단우孔端友. 송宋 휘종徽宗 조길趙佶은 천하의 지식인들을 선대했고, 특히 공자를 높이 받들고 숭배하여, 공단우는 아무 관직이 없는 신분에서 조봉랑朝奉郎, 직비서각直秘书阁을 수여받았고 연성공까지 세습했다. 공자에게 제사 지내는 대전을 '대성전大成殿'으로 개명하고 친히 편액을 써서 조정의 관원들이 모두 가서 '우러러 보게' 하고 '왕자王者의 제도'로 공자를 제사 지내게 한 것도 바로 이 황제이다. 금나라 군대가 북송을 멸망시킨 후, 조길의 아들 강왕康王 조구趙構는 양주揚州로 도망와 남송을 세우고, 바로 48대 연선공 공단우를 남하시켜 제사를 돕게 했다. 공단우는 즉시 일족을 이끌고 자공이 조각했다고 전해지는 공자와 부인 기관씨亓官氏의 황련나무楷木 조각상을 받들고 남하하여 하늘에 제사 드리는 성대한 의식에 참가했다. 그 후 조구가 다시 항주로 피할 때도 여전히 공단우를 연성공으로 봉하고 조서를 내려 공씨 일족을 취주衢州에 살게 했고 공묘를 짓고 제사가 끊이지 않게 했다.

두 번째 이야기: 백화비白話碑. 공자의 55대 적손 공극견孔克堅은 원나라 순제順帝 지원至元 6년(1340년)에 조령을 받고 연성공을 계승했고, 원대에 각종 관직을 맡았으며 특히 공묘의 수선에 큰 공을 세웠다. 주원장이 천하를

막 얻고 나서 공극견을 급히 불러 남경으로 오게 했을 때, 그들 사이에 매우 재미있는 대화가 오갔다. 현재 공부의 이문二門 안에는 '백화비'라는 비석이 하나 세워져 있는데, 그때의 흥미로운 대화를 기록하고 있다. 발단은 주원장이 공극견에게 보낸 친필 지시였다. "듣자하니 그대가 풍질을 앓고 있다는데, 정말인가? 만약 병이 없으면서도 병이 있다고 한다면 안 될 일이네. 지시가 도착하면, 생각해보시오." 이런 훈계를 받고서 공극견이 어찌 감히 능장을 부릴 수 있겠는가, 전전긍긍하며 밤낮으로 서둘러, 홍무洪武 원년 11월 14일 남경에 도착하여 이런 대화를 남겼다. "그대는 올해 나이가 어떻게 되십니까?" 대답했다. "신은 53살 입니다." 황제가 말했다. "내가 보기에 그대는 행복하고 즐겁게 사는 사람 같으니 그대를 임명하여 파견 하거나 하지는 않겠소. 그대는 항상 글을 써서 그대의 아이들에게 주니, 자질도 온후하고 일가를 이룬 사람으로 보이오. 그대의 조상은 삼강오상三纲五常을 남겨 천추 만대에 좋은 법도가 되었는데 그대는 집에서 책을 읽지 않으니 조상의 법도를 지키지 않는 것이오, 어떻게 생각하십니까? 그대도 늙었으니 글을 써서 교훈하고, 게으름을 그만 부리시오. 우리 왕조에서 그대 집안이 다시 좋은 인재를 배출해내면 좋지 않겠습니까?"

20일 근신전謹身殿의 서쪽 곁채에서 신이 황제께 아룁니다. "곡부에서 표를 올리는 자는 돌아갑니다. 신은 황제의 40일의 훈계의 성지를 모두 자세하게 기록하여 돌아갑니다." 황제가 기뻐하며 말했다. "그에게 전해라. 술을 적게 마시고, 책을 많이 읽으라." 전 연성공 국자제주國子祭酒 극견 쓰다.

세 번째 이야기: 강희가 궐리에서 공자에게 제사 지내다. 공자 67대 적손 공육기孔毓圻는 강희 6년(1667년)에 연성공을 계승했고 강희 황제를 극진히 대접하여 공씨 가문과 황실의 관계를 공고히 했고, 일생 동안 '삼공'에 대한 수리와 증건에 큰 공을 세웠다. 1684년 9월, 강희제 현엽玄燁이 내각의 재

성성聖城의 오래된 나무

상, 친왕과 문무백관을 거느리고 동쪽으로 태산을 순찰하고 강남을 돌아본 후, 북쪽으로 돌아가며 11월 17일에 위풍당당하게 곡부에 도착했다. 공상임孔尚任의 서술문 〈출산이수기出山異數記〉에 자세한 기록이 있다. "수레를 타고 입성하여, 선사의 묘에 방문하여 규문각 앞에서 내려 건물에 들어가 잠시 쉬다, 곧 걸어서 전에 들어가 무릎을 꿇고 축문을 읽고 삼헌례三獻禮를 행하여 무릎 꿇고 세 번 머리를 땅에 닿게 하는 절을 세 번 하니, 세상에 다시 없는 일이다.

제사의 희생물은 태뢰太牢를 쓰고, 제명은 10조의 변두籩豆 썼으며, 음악을 연주하고 육일六佾무(36인, 제후의 예)를 사용하여, 사무를 집행하는 예악제자들은 모두 가르친 내용에 따라 임명한다. 시례당에서 경연을 하고 당치 않게 배석을 얻었다. 식이 끝나자, 황제는 잠시 쉬시고, 매백색 포의와 석청색 저고리의 평상복으로 갈아 입으셨다. 진시에, 내각 학사 석이달席爾達, 태학사경寺卿 갈사태葛思泰의 인도로 황제는 규문각 동쪽으로 승성문承聖門에 들어가 시례당 어좌에 올랐다. 백관이 가르침을 들었다."

네 번째 이야기: 공헌배孔憲培가 공계분孔繼汾 사건을 만나다. 공자의 72대 적손 공헌배는 작위를 계승한 그 다음 해, 남순하여(1784년)에 곡부에 제사 드리러 온 건륭乾隆제를 맞게 되었다. 온 힘을 다해 극진히 황제를 영접한 연성공은 건륭의 포상을 받았다. 그러나 생각지도 못하게 황제가 수도로 돌아간 지 얼마 되지 않아 바로 공계분 사건이 발생했다. 일족인 공계무孔繼戊가 공계분이 지은 〈공씨가의孔氏家儀〉가 〈대청회전大淸會典〉를 마음대로 수정했다고 고소하고, "요즘은 고대와 분명하게 위배된다.", "오래된 제도를 회복하고 싶은 고통스런 마음" 등을 문제가 있는 구절로 발췌하여 모함에 빠뜨렸다. 고발자는 친족을 사지에 몰아넣지 않고는 마음이 후련해지지 않아 '오래된 제도의 회복'은 곧 명나라를 회복하는 것이라고 폭로하

니 어찌 건륭의 화를 자극하지 않겠는가? 건륭은 비난하며 말했다. "공계분은 사관을 지냈었고, 군기처軍機處에서 오갔다. 그 사람은 재간이 조금 있어 만약 본분에 만족하여 근무했더라면, 반드시 일찍 임용되었을 것이다. 그는 고향에서 많은 일을 저질러 파면되었으니, 본디 분수를 모르는 사람이라 버리고 임용하지 않았다. 그는 마땅히 과오를 고치고 본분을 지켜야 한다. 그래서 〈가의家儀〉라는 책을 지었다. 그는 평상시 우울해하며 뜻을 이루지 못해 이것을 빌어 명성을 얻어 내면의 생각을 풀어보려 하니 그의 심사는 알 수가 없다. 만약 벼슬길이 통달하여 귀하게 되면 책을 지어 재능을 드러내지 않았을 것이다. 이러한 선발은 이미 재능이 없는 사람의 행동이므로 가장 경시하고 안타까운 것이다. 책에서 걸핏하면 성인을 존숭해야한다고 말하며 계성림에 그의 친모를 위해 묘지를 미리 지었다. 지난해 어머니를 부장하려 한 것은 성인을 존숭하는 것인가? 성인을 거역하는 것인가? 그의 마음과 생각이 모순된다. 공계분은 직무를 파면하고, 형부로 이송하며 대학사 구경에게 보내 형부 관원이 연합하여 사건을 엄격하게 조사하여 보고하라." 공계분은 정말 억울했으나, 황제가 이미 그를 "분수를 모른다.", "뜻이 좌절되어 울적하다."라고 여기고 "명예를 탐하기에 정신이 없다.", "가장 경멸스럽다."라고 글을 써 "중벌을 내려 이리伊犁로 보내 노역하게 하여 현지의 무지하고 어두운 사람들의 경계거리로 삼는다."로 판결났다.

다섯 번째 이야기: 서태후의 '육순만수六旬萬壽'를 위해 장수를 빌다. 광서光緖 20년(1894년), 공자의 제76대 적손, 연성공 공령이孔令貽가 어머니 팽태부인彭太夫人, 부인 손씨와 함께 수도로 갔다. 그들과 서태후의 대화는 매우 흥미롭다. 태후가 부인에게 물었다. "이리 가까이 오세요, 북경에 와 본 적이 있습니까?" 무릎 꿇고 대답했다. "없습니다." 태후가 일어나서 노부인

에게 가까이 가서 말했다. "머리결이 아주 좋으시군요." 태후가 말했다. "지금은 일본과 교전 중이어서, 군대를 철수할 수 없습니다. 사태가 안 좋아 골치가 아픕니다." 대답했다. "부처님(청대 황태후皇太后에 대한 존칭)의 복이 커서, 별일 아닐 겁니다." 태후가 말했다. "여기서 며칠 묵는 게 좋지 않겠습니까?" 대답했다. "말할 줄 몰라서, 태후의 화를 돋울까봐 걱정이 됩니다." 태후가 큰 소리로 웃으며 말했다. "그런 말도 할 줄 아시는 군요. 그쪽 지역에서는 무엇이 생산됩니까? 말린 국수, 겨울나기 채소, 고운 가루였던가요……"

알고 보니 권력으로 천하를 압도했던 서태후도 부엌일에 관심이 있었다.

여섯 번째 이야기: 마지막 연성공 공성덕의 출생. 76대 연성공 공령이孔令貽가 북경에서 서거하기 전에 대총통大总统에게 올리는 정문呈文에서 측실 왕씨가 이미 임신한지 5개월째니 아들을 낳으면 공작의 봉호를 계승할 것을 언급했다. 왕씨 생전에 공씨 가족은 격렬한 후계전을 겪었는데, 서로 조금도 양보하지 않는 논쟁 끝에 이렇게 협의를 보았다. 여자 아이를 낳으면 연성공의 계승권은 공덕황孔德㘙이 계승한다. 이것은 공령이의 부인 도씨陶氏가 공부의 새주인이 오기 전에 먼저 공령이의 왕씨, 풍豐씨 두 첩과 두명의 아가씨 공덕제孔德齊와 공덕무孔德懋를 공부에서 내보내려 한 것이다. 맹계신孟繼新의 〈공부일사孔府軼事〉라는 책에서는 이렇게 기록한다. "분만실은 공부 내택원의 전당 건물 내에 설치했다. 분만실 앞의 본채 안에 공령이의 관을 놓았다. 출산 때 예기치 못한 일이 발생하지 않도록, 아이를 받는 의사는 중국인 외에도 외국의사도 있다. 이 밖에도 유명한 산파를 불러 왔는데, 그녀는 바로 공부의 심부름꾼 진점괴陳佔魁의 모친이다. 몰래 아기를 바꿔 치지 못하도록, 북양정부北洋政府 군대가 분만실을 포위했다. 저택 내의 각처에 초소를 설치했고, 공부 내택에 상주하며 지키는 장군이 한 명 있

다. 모든 길의 감산監産 인원도 공부에 집결했고, 성에서 파견한 관원이 있고, 안顔씨, 증曾씨, 맹孟씨 세 명의 봉사관奉祀官이 있고, 종족 중의 동족인 노부인들도 있다. 작은 주인을 영접하기 위해서, 공부의 모든 문과 창문을 열어 내택문부터 공부의 대문까지 다 열렸다. 작은 주인이 탄생했다는 기쁜 소식이 분만실로부터 전해지자, 공부 안은 들끓었고 온 곡부성이 떠들썩했다. 기쁜 소식을 알리는 관원이 차례대로 나와 사방으로 달려갔다." 이 아이는 공덕성孔德成이라는 이름을 얻었고, 자는 옥여玉汝, 호는 달생達生으로 공자를 잇는 77대 적손이다. 87일 후, 공부는 대총통 서세창徐世昌이 하달한 책봉령을 받았다.

"민국 9년 4월 20일 대총통 령: 공덕성이 연성공을 계승한다."

공림 조감도

# 공 림 孔 林

상품 경제의 큰 물결 속에 처한 중국인이 만약 참고 대상을 찾고 싶다면, 물욕이 넘쳐나는 현대 생활 중에서 자아를 잃지 않으려면 곡부에 가서 '성인을 알현'하는 것도 좋다. 곡부에 가는 것은 곧 역사에 다가가는 것이다. 공자의 후예 적손의 사저 겸 역대 연성공 관서인 공부를 유람하면 무의식 중에 시야가 넓혀질 것이다. 이 460여 칸의 건물들과 720㎡의 부지를 가진 "나라와 같이 휴식하고, 평화롭고 존귀하며 지위가 높은 영광스런 저택, 하늘과 같이 늙어가며, 문장과 도덕을 갖춘 성인의 집"이 곧 오래되고 "이미 모두 지나가버린" 봉건 사회의 축소판이 한눈에 들어오게 될 것이다. 그리고 공부와 벽 하나를 사이에 둔, 부지 24만 6천여㎡의 공묘에서 당신은 고대 중국의 맥박을 짚어보고 시대 변화의 필연성을 깨닫게 될 것이다. 그러나, 진정으로 당신을 역사의 긴 강으로 인도하고, 모든 가볍거나 무겁거나, 지혜롭거나 우매한 영혼을 큰 조화로움과 즐거움 속에 잠기게 하는 것은 역시 공림이다. 공림은 현재 세계에서 규모가 가장 크고, 년대가 가장 오래되고, 보존이 가장 완전한 가족 묘지군이다.

부지가 9만㎡인 공림은 곡부 도시 북쪽 1.5km의 사수泗水와 수수洙水사이에 위치한 공자와 그 후손의 합동 묘지이다. 이천 년 간, 공씨 가족의 망령이 잇달아 이곳에 매장되어 수만 개의 묘지가 있다. 수천 개의 역대 비각과 돌 조각이 수많은 묘지를 옆에서 지키고 있고, 공자의 "제자가 사방에서

공림 경관

공림 입구

기이한 나무를 가져와 심었다.”(역도원酈道元, 〈수경사수주水經泗水注〉)라고 하
는 수만 그루의 사시 사철 푸른 각종 나무들이 그 묘지와 비석에 그늘을 드
리우고 있다.

　나는 종종 생각한다. 이곳이 바로 태어날 때부터 가진 중국의 모반일 것
이다. 다시 무수한 세기가 지나 간대도 이곳은 사람들에게 뚜렷하게 알려
줄 것이다. 만약 현재와 미래가 끝 없는 바다라면, 공림은 역사라는 긴 강
이 바다로 흘러 들어가는 입구이다. 시작할 때의 섬세한 물줄기는 천리 만
리를 지나며 보충되고 이천 년의 축적을 거쳐 이미 광대한 기세를 형성해
넓고도 깊다. 산을 쪼개고 계곡을 꿰뚫는 자유분방함, 위험에 몸을 던지는
용맹과 결단력, 일사천리로 시대를 꿰뚫는 호방한 감정이 침착한 태도로
모든 것을 포용하고 이해하며 통찰하는 거대한 아름다움으로 승화되어 수

수하고 고요하며 담백하면서도 활발하고 지혜롭고 넓고 크다.

영혼은 여기서 안식을 얻고, 생명은 여기서부터 시작된다.

이천여 년 전에, 평민이던 공자는 스승의 신분으로 열국을 돌아다니며, 각 나라의 제후에게 사람을 사람으로 대하라는 인정仁政을 호소했고, 천하 '대동大同(국가와 계급이 없는 모두가 평등하고 자유로운 이상향)'의 이상을 심었다.

공림에 바로 붙어 있는 104번 국도를 따라 성에 들어가는 곳에는 '창상暢想(자유롭게 상상하다)'라는 조형물이 있다. 솟아 오르는 거룡이 20m의 높이에서 지구를 받치고 있고, 지구 위에는 주나라의 마차가 있으며, 마차를 모는 사람은 바로 공자이다. 매번 이것을 볼 때마다, 마음 속에 일어나는 파도를 억누를 수가 없다. 이것은 큰 규모의 연극처럼 시간과 공간의 광야에서 우뚝 서 있다. 쓸쓸한 가을비의 채찍질을 견디며 세상을 구제하려는 뜨거운 가슴과 열정은 여전히 처음과 같아서, "처음으로 순장용 인형을 만든 사람은 아마 자손이 끊어져 후손이 없을 것이다."라는 경고를 보낸다. 이 폭군은 공자에게 앙심을 품고, 분서갱유를 일으키고 공씨 가문의 풍수를 깨뜨리기 위해 그의 무덤 앞에 수수洙水라는 이름의 강을 팠다. 뜻밖에도 이 백성과 뒤섞인 성인의 묘지는, 백성의 사랑을 받는 '풍수'를 얻어서 오히려 작은 묘지에서 푸르고 울창한 영혼의 낙원이 되었고, 냉정한 눈으로 통치자들이 극도의 사치로 부패하며 멸망하는 것을 하나 하나 지켜보았다. 진시황은 사천四川의 모든 산을 벌채하여 민둥산으로 만들어 자기를 위해 둘레가 300여리나 되는 아방궁阿房宮을 지었지만, 준공된 날은 그의 왕조가 멸망하는 날이 아니었던가? 6명의 청대 황제의 중수를 거쳐 '정원 중의 정원'으로 불렸던 원명원圓明園의 잔해에 새겨진 민족적 치욕과 봉건의 부패는 모든 중화의 후손들을 보기만 해도 몸서리치게 하지 않던가!

공림 설경

그러나 잔인과 포악은 잔혹한 사람이 스스로 파멸을 자초하게 하는 것으로, 오직 "인자는 적이 없다."(맹자의 말).

우리는 반드시 이 성지, 성인과 백성이 평등하게 공존하며, 평민에게 위안과 생명에 존엄을 주는 성지인 공림을 보존해야 한다.

이천여 년 동안, 이 인문 정신과 사람의 도리로 충만한 묘원은 중국 문화의 '노아의 방주'로 초야에서 꿋꿋하게 운행하며 과거에서 미래로 나아가게 한다.

로맹 롤랑Romain Rolland이 말했다. "한 사람이 아주 오래된 민족 가운데 살면, 큰 대가를 지불해야 한다." 한적한 공림은 이점을 엄중하게 깨달았다.

초목이 뒤얽힌 공림의 깊은 곳에는 비참하고 슬프게도 남편이 죽자 수절

한 여자를 기리기 위해 세운 석방, 말이 없지만 긴 세월을 오열하며 하소연하는 석방이 흩어져 있다.

관련 자료의 기록에 따르면, 이 오래된 숲에는 증거를 찾아볼 수 있는 324명의 수절하여 효를 다한 여자들의 망령이 매장되었고, 그 대다수가 젊은 여자라고 한다. 남편이 부인의 법이다. 이것은 인도적이지 못한 봉건 사회에서 많은 여성의 머리 위에 휘날리던 죄악된 채찍이었다. 처참하던 채찍의 그림자는 여성들의 모욕 당한 영혼과 상처투성이가 된 몸을 덮고 있다.

단지 '수절'하기 위해, 이미 죽고 심지어는 만난 적도 없는 남편을 따르기 위해, 젊은 그녀들은 목 매달고, 우물에 뛰어들거나 관에 머리를 박고 죽었는가? 삶을 누릴 자격이 있던 생명들이 어떻게 힘 없이, 우울하게, 유감스

럽게, 미련을 남기거나 규탄하며 인간 세상을 떠나야 했는가? 역사는 이런 민간의 이야기들을 완전히 등한시 해왔다. 한 시골 여인은 이미 이웃 마을에 좋아하는 사람이 있었으나, '부모의 명령'과 '중매인의 말' 때문에 어쩔 수 없이 다른 남자와 결혼했다. 기구한 운명의 여자는 얼굴도 모르는 남자가 이렇게 병약해 결혼을 하기도 전에 황천길로 갈 줄은 더욱 몰랐다. 비록 얼굴도 몰랐지만, 그녀는 살아서도 그의 사람이고, 죽어서도 그의 귀신으로 운명 지어졌다. 얼굴도 몰랐던 사람은 그녀의 슬픔을 불러일으키지 못했다. 그의 죽음은 아마도 그녀의 마음속에 한 줄기 희망, 심지어는 남모른 즐거움을 자라나게 했다. 그러나 죽은 아들의 시댁은 이 며느리를 집으로 데려가려 했고, 심지어 친부모 조차 '자기 몫이 아닌' 생각을 조금도 허락하지 않았다. 말을 듣지 않은 딸은 심하게 두들겨 맞았고, 반항하던 딸은 친아버지에게 끈으로 목이 졸려 죽었다. 그 결과는 남편이 죽자 따라 부인이 그 뒤를 따랐다는 포상이었고, 활발한 한 생명이 남편과 함께 깊고 깊은 공림에 묻혔다.

너그러운 공림 만이 연민의 마음으로 이런 슬픈 영혼들을 포용하여 오래도록, 아주 오래도록 보살피고 있다.

말 없는 공림은 이러한 상심한 영혼들을 돌보고 있을 뿐만 아니라, 갈 곳 없어 머뭇거리는 떠도는 영혼들을 거두고 있다. 이곳의 나무들은 모두 혼에게 손짓하는 깃발이다. 비록 통치자에게 죄를 지은 사람에게도 공림은 인의의 품을 넓게 열었다. 공림이 거둔 떠도는 영혼 중에는, 우리가 잊어서는 안 될 두 사람이 있다, 공자의 69대손, 연성공 공전탁孔傳鐸의 넷째 아들과 다섯째 아들 공계분과 공계속孔繼涑이다.

그들은 공자의 후손 중 문화 사업상 탁월한 업적을 세운 뛰어난 사람이다. 한 명은 경서와 사서, 역대 왕조의 역사적 사실과 전장제도에 정통하여, 60만자의 ≪궐리문헌고闕里文獻考≫를 써냈다. 다른 한 명은 평생 서예 연구에 몰두한 진晉, 수, 당, 송, 원, 명, 청 역대 대가의 서예 작품을 모아 정성껏 모사했고 명인을 고용해 584개의 각석으로 새겼고, 세상에 전해지는 국보를 모아 ≪옥홍루법첩玉虹樓法帖≫을 엮었다. 그들은 모두 공명에 열중해 건륭 년간에 아관儿官을 잠시 지내기도 했다.

그러나 지식인의 본성에 담긴 독립 의식과 독립적 인격은 사람을 노비로 만드는 봉건 통치와 필연적으로 심각한 갈등을 일으키게 되어 그들의 비극적인 결말은 이미 결정되어 있었다.

1756년, 연성공衍圣公 공소환孔昭煥이 공묘의 소작인을 심부름 보내는 일로 산동순무山東巡撫 백종산白鐘山과 갈등을 빚었고, 공계분, 공계속은 관청의 업무를 좌지우지하고 지방 공무에 간섭했다고 고발 당해 각각 파면되고 관직을 박탈당했다. 건륭은 여기에 그치지 않고, 공계속을 ≪공씨가의孔氏家儀≫를 ≪대청회전大淸會典≫과 맞지 않게 썼다고 신장新疆의 이리伊犁로 귀양 보냈다. 공계속은 안채의 용마루를 지을 때 9칸을 연이어 지어 모반죄로 몰렸고(9는 삼엄한 봉건 사회에서 최대 등급의 숫자로, 황궁과 황제가 승낙한 장소에만 사용할 수 있었기 때문이다) 모반의 죄명을 뒤집어 쓰고 처량하게 죽었다.

아마도 이 두 문인을 가장 유감스럽게 하는 것은 공씨 가문의 가보에서 제외되고 죽은 후에 공림에 묻히지 못한 것일 것이다. 죽은 후에 공림에 묻히지 못하는 것은 공씨 후손에게 큰 치욕으로 여겨졌다. 1786년, 항주에서 객사한 공계분의 혼은 곡부로 돌아와, 곡부성 서쪽의 려화점촌<sup>犁鏵店村</sup>의 남쪽에 묻혔다. 4년 후, 북경에서 객사한 공계속의 혼은 곡부에 돌아와, 곡부성 서대류촌<sup>西大柳村</sup>에 묻혔는데, 공림에 매장되지 못했을 뿐 만 아니라 초야의 무덤에 목관에 묻혔고, 게다가 세 줄의 쇠사슬로 동여매어 잠겼다. 두 슬픈 유혼은 밤낮으로 공림의 성 밖에서 배회한다. 나는 황혼이 주위를 뒤덮은 봄날에 초야에 있는 공계속의 묘에서 그를 추모했다.

저녁 안개가 몽롱하고 밥짓는 연기가 향기를 풍기는 가운데 이 잠자코 서있는 비석만이 사람들에게 알려준다. 민가 사이의 작은 흙더미에 이 비석 아래 조용히 가로 놓인 것이 바로 호가 '곡원<sup>谷園</sup>'인 공계속의 묘라는 것을. 이 당시에 서예 예술에서 강남의 양동서<sup>梁同書</sup>와 이름을 나란히 하고, '남양북공<sup>南梁北孔</sup>'이라 불렸던 공씨 가문의 재자<sup>才子</sup>는 이렇게 적막한 마음을 삭풍과 가을비 속의 초야에 외롭게 정박하고 있다. 연한 안개를 뚫고 양동서가 쓴 묘비가 희미하게 눈에 들어온다. 지성 69대손 후보 내각중서<sup>內閣中書</sup> 곡원선생의 묘. 비슷한 사람끼리 나누던 정이 비석 위에 생생하여, 나는 흡사 남북의 두 문인이자 서예가가 잔을 쥐고 대작하는 술 내음을 맡은 것 같았다.

수십 년간의 무덤의 처지를 물었다. 비석 근처에 사는 한 농민의 대답이 나를 오래도록 생각하게 했다. 그는 확실하게 말했다. "무덤이 파헤쳐졌었는데, 빈 관이었어요."

공림의 겨울

　설마 정말 빈 관 하나만 이곳에 묻고 그는 일찌감치 몰래 공림에 묻힌 것은 아닐까? 사실, 정말 주검을 초야에 묻고 세 줄의 쇠사슬로 관을 잠근들 자유로운 영혼을 어떻게 가둘 수 있겠는가? 수십 리 밖의 공림 깊은 곳에, 배회하는 영혼들이 일찍이 정착했다. 왜냐하면 이곳은 고대 중국의 유일한 영혼의 고향이기 때문이다.

　오십 년 전, 공림은 전에 없던 재난(문화대혁명)을 겪어, 무덤, 비석, 패방, 나무가 뒤죽박죽이 되었다. 공림은 이 모든 것을 기억하고 있으며, 완강하게 회복하고 재생하고 있다. 공림은 기억하며 견뎌 내고 있다. 인간 세상의 슬프고 괴로운 고난과 재앙 같은 상해를, 그러나 모든 고난과 재앙은 공림을 짓누를 수도, 무너뜨릴 수도 없다.

　이천 년이 순식 간에 지났지만, 지혜로운 공림은 생명의 배가 시간의 흐름 위에 가볍게 떠가 듯이 이천 년의 세월도 공림의 눈에는 처음처럼 신선하다. 어느덧 50년이 지났지만 고요한 공림은 흰 머리카락 하나도 생기지 않았고, 무거운 짐을 짊어 졌으나 비교할 수 없이 위대한 이 민족은 이미 진흙탕을 걸어 나와 새로운 시대를 향해 가고 있다.

공림은 영혼의 고향일 뿐만 아니라, 지친 심령의 휴식지이다. 의기 양양한 사람은 이곳에 올 필요가 없다. 무력한 사람 일수록 이곳에 와서 힘을 얻으며, 마음이 괴로운 사람 일수록 이곳에 와서 본래 의미의 평안과 위안을 얻을 수 있다. 공림을 마주하면, 세속의 득실은 전혀 중요한 것이 아님을 명확하게 느낄 수 있을 것이다. 공림을 마주하는 것은 친구를 마주 하는 것으로, 이 친구는 평민의식으로 가득 찬 위대한 철학가이다. 매번 공림에 올 때마다, 항상 어떤 영감이 계속 머리 속에 떠올라 생명의 아름다움과 엄중함을 선명하게 느끼게 한다.

누가 이곳이 영혼이 흩어지고 형체가 사라지는 죽음의 땅이라고 말하는가, 혼은 본디 가장 귀하고 좋은 씨앗이 아니던가? 이곳에 심으면, 나무로 자라고 풀로 자라나며 날아다니는 나비와 영원히 닳지 않는 감정과 사상으로 자라난다.

영혼은 원래 고독한 것이다. 이러한 고독에는 모든 분주함과 겉치레는 도움이 안 되고 오히려 이런 고독을 더욱 가중시킨다. 이것은 아마도 비극적인 숙명일 것이다. 그러나 이 숙명은 펼쳤다가 덮을 수도 있고, 평등한 것이다. 평등한 영혼이 여기에 위대한 책을 써 내렸고, 이곳에 오는 사람들에게 하소연한다. 이것은 소리를 이기는 소리 없는 아무성으로 소리는 없지만 침묵은 아니다. 왜냐하면 침묵은 어떤 때는 양심의 소멸이자, 비열하고 나약한 것이기 때문이다.

기원전의 고요함과 몽롱함 속에서 모든 재물과 권세는 그저 장식물일 뿐으로, 끊임없이 생장하고 번성하는 생명 만이 진정한 무게를 지닌다. 성인이 이곳에 오기 전에, 이 땅은 어떤 모양이었을까? 이 오래되고 명성이 대단한 가족도, 망망한 우주 속에서는 그저 짧은 한 순간일 뿐이 아니겠는가? 천상에서 아직 바둑 한 돌을 움직이기도 전에 지상에서는 이미 주마등처럼 수십 개의 왕조가 바뀐다. 밝은 북두칠성 만이 밤마다 단 이슬을 길어 이곳의 영혼들을 취하게 한다.

죽은 것이 묻히지 않은 땅이 어디 있겠는가, 죽은 사람을 묻은 땅은 어디 곳이건 새로운 생명을 잉태하지 않았던가? 사람은 슬프게 죽을 수도 즐겁게 죽을 수도 있다. 생명의 연속은 계주와 같아서, 죽음은 밤처럼 잠을 자는 것이고, 삶은 떠오르는 태양처럼 매일 매일 떠오른다. 우임금은 "삶은 머무는 것이고, 죽음은 돌아가는 것이다."라고 말했다. 누가 관 뚜껑을 덮으면 끝이라고 말하는가? 한 사람, 한 사건은 어느 때는 수십 년, 수백 년을 보고 심지어 수천 년을 봐야 비로소 알 수 있다. 어떤 것은 명확하고 결론이 난 것처럼 보여도, 몇 년 후에 뒤집히기도 하니, 이것은 정말이지 사람의 의지로 어쩔 수 없는 것이다.

공림의 중앙은 공자의 묘로, 높이 6m, 직경 12m이며, 무덤 앞에는 몇 그루의 오래된 청녹색 측백나무가 있다. 태양이 사라지건 말건, 지구가 소멸하건 말건, 이 몇 그루의 오래된 측백나무는 신경 쓰지 않는다. 그저 푸르게 살아서 물끄러미 시간을 음미할 뿐이다. 죽는 것은 본래 자연스러운 일인데, 이렇게 큰 봉분을 쌓고, 이렇게 큰 비석을 세우고, 이렇게 향을 많이 피워 놓았다. 맹렬한 향불은 분서갱유를 막지 못했고, 비석은 부서지고 무덤은 파헤쳐져 쑥대밭이 되었다.

고요한 숲은 사실 하나의 우화이며, 예언이자, 경고이다. 대자연은 결국에는 대자연으로 돌아간다.

번잡한 세상이 눈을 가려도, 숲은 물처럼 푸르다. 이 아득한 고요함을 마주하고 인류는 얼마나 많은 반성을 해야 하는가?

손려孫犁는 고대의 미술 유산을 말하며 장인은 많이 남았으나 문인화는 거의 사라졌다고 했다. 역대의 장인들이 남긴 비각과 돌조각을 둘러보니, 확실히 이 오래된 숲에 많은 고풍스러운 수수함과 생동감을 더하고 있다. 그러나 진정으로 오래된 숲의 아름다움을 드러내는 것은 역시 이런 생명의 뒤엉킴, 사람과 자연, 역사와 현실, 추억과 동경, 삶과 죽음의 혼합이다. 이런 삶과 죽음이 만나는 곳에서 모든 것이 다 생기발랄하며, 나무, 혼, 새, 벌레, 인간의 근심, 진실한 감정이 모두 이 곳에서 왕성하게 자라나고 있다.

오래도록 기억나는 것은 공자의 무덤 앞의 황련목 그루터기이다. 공자가 죽은 후, 그의 제자들이 사방에서 기이한 나무를 가져와 심고 스승을 위해 3년간 무덤을 지켰는데, 자공만 남방에서 황련목을 가져와 6년간 무덤을 지켰다. 이 황련목은 청나라 강희 년간에 벼락을 맞아 불에 타서 이 그루터기만 남았다. 누가 죽음은 서로 만날 수 없다고 했는가, 자공이 초막을 짓고 6년 간 무덤 곁을 지켜 스승과 제자는 늘 함께 있었다. 공자는 손을 들어 가라고 재촉했지만, 제자들은 걸음마다 돌아보고 마음을 남겨 황련목이 되게 하여, 큰 나무로 자라나 비바람 속에서도 백년 천년을 지나며 늘 스승을 지키고 있다. 비록 벼락이 무정하게 기둥을 훼손했지만 그루터기가 남아서 마음은 죽지 않았고, 사랑은 처음과 같다. 이때부터, 공림은 천하의 학자들이 모두 생명 속에 스승을 위해 한 그루 황련목을 심게 만들었다.

공림에서 나가자. 공림을 나와 멀지 않은 곳에 정교하고 아름답기 그지없는 석방이 있다. 명대에 지어 12면의 돌 기둥을 끼고 있는 석고石鼓에 각각 龍 봉황, 말, 기린을 조각했고, 방액에는 '만고장춘萬古長春'의 네 글자를 크게 새겨놓았다. 그 뜻은 공자의 사상이 만대에 이어진다는 것이다.

공림을 돌아보고 공자를 떠올리니, 시구가 마음속에서 떠오른다.

孔子의 고향 곡부를 만나다

누가 이곳에

이 만고장춘萬古長春의

염원을 심었나

대대로 유생들이

생명을 부었으나

싹조차 자라지 않았다

석방은 여전히 석방이어서

사백 년을 무덤처럼 말이 없다

범 진范進(유림외사, 긴 공부 끝에 과거 급제하여 잠깐 실성함)의 정신 나간 소리만

마른 가지의 까마귀와 서로 부르네

어느 집에 갓난 아이가 태어나

울음소리 우렁차게

흠뻑 젖은 태양을 깨우고

수탉은 새벽을 알리며

온갖 소리와 뒤섞인다

살아있는 나무는 늘 푸르고

사색하는 머리는 항상 새로운 법으로,

늘 푸르고 항상 새로운 것은 패방을 세울 필요가 없다

공림의 봄

제4장

곡부의 인물

만고장춘정萬古長春亭

# 역대 연성공

대다수가 평민이었던 공자의 후손과 달리, 공부, 공상임, 공계분과 공계속 등의 지식인은 공자의 후손 중, 역대 연성공들은 전제적 통치자와 시종 일치된 길을 걸었다.

아마 공자는 자신이 죽은 후, 그 이후의 중국 역사에서 통치자들에게 주목을 받고, 중국의 발전 과정에서 장기간의 전파 끝에 전체 중국 지식인과 중국인의 정신 영역에 거대한 영향을 주게 될 줄은 자신도 알지 못했을 것이다.

먼저는 역대 통치자들이 평민의 공자에 대한 추봉이다. 이런 추봉은 그가 죽었을 때부터 시작된 것이다. 노나라 애공은 그의 추도문 중에서 이미 공자를 '니부'라고 불렀다. 그 후의 추봉은 갈수록 열렬해졌다. 서한西漢 효평제孝平帝 원시元始 원년元年 공자를 '선니공宣尼公'으로 추시하고, 동한東漢 효화제孝和帝 영원永元 4년에는 공자를 '포성후褒成侯'로 개봉改封했고, 북원위元魏 효문제孝文帝는 태화太和 원년에 그에게 '문헌니부文宣尼父'라는 시호를 내렸고, 북제北齊 고황제高皇帝는 그를 '소왕素王'으로 봉했고, 북주北周 정제靜帝 대상大象 2년에 그를 '추국공鄒國公'으로 봉했고, 수隋 문제文帝는 '선사니부先師尼父'를 수여했고, 당唐 고조高祖 무덕武德 7년에 '이위선사以爲先師'로, 당 태종太宗 정관貞觀 2년과 11년에 각각 '선성先聖', '헌부宣父'로, 당 고종高宗 건봉乾封 원년에 '태사太師'로, 당 고종高宗 사성嗣聖 7년에 '육도공隆道公'으로 봉했고, 당 무측천武則天 천수天授 원년에 '육도태사隆道太師', 당

제공대전祭孔大典

양안이 함께 공자에게 드리는 제사 兩岸同祭孔

현종玄宗 개원開元 27년에 '문선왕文宣王', 후주後周 태조太祖 광순廣順 2년 '지성문선사至聖文宣師', 송宋 진종真宗 대중상부大中祥符 원년에 '현성문선왕玄聖文宣王'로 봉했고, 5년에 또 '지성문선왕至聖文宣王'로 시호를 고쳤고, 원元 성종成宗 중통中統 3년 '대성大成'로 개봉했고, 원 무종武宗 대덕大德 11년 '대성지성문선왕大成至聖文宣王'로 가봉加封했고, 명明 태조太祖 홍무洪武 원년에 '선성문선왕宣聖文宣王'로 봉했고, 명 가경嘉靖 8년에 '지성선사至聖先師'로 개봉했으며, 청淸 세조世祖 순치順治 2년에 '대성지성선사大成至聖先師'로 봉했다.

이 이천 년에 달하는 추봉 열기 속에 말 등 위의 민족이라 불리는 몽고족이 중원지역에서 원 왕조를 세우고 공자를 더 이상 높일 수 없을 정도로까지 추봉하여 루쉰魯迅 선생의 말 처럼, '대성지성문선왕'이라는 '겁날 정도의 직함'으로까지 '무서울 정도로' 떠받들어 졌다. 추봉된 이유는 원 무종武宗 대덕大德 11년의 책봉 조서에서 명확하게 드러난다.

"들자 하니 공자 이전에 태어난 성인은 공자가 아니었으면 이해할 수 없고, 공자보다 늦게 태어난 성인은 공자가 없으면 본 받을 수 없다고 한다. 그는 요순을 이어받고 문무의 법도를 밝히며 모든 왕의 모범이고 만세의 사표라 할 수 있다. 나는 국가의 대업을 계승해 그 풍모를 존경하여 오래된 모범을 따라 추봉의 성대한 의식을 거행하고 대성지성문선왕의 봉호를 내린다. 사자를 궐리로 보내 태뢰의 예로 제사를 지낸다. 아, 부자의 정과 군신의 의! 그 존귀한 가르침을 영원히 기억하니 천지는 넓고 해와 달은 빛난다. 그 말씀의 오묘함을 존경한다. 신명의 돌봄을 의지하니 우리 원나라를 보우하소서."

"신명의 돌봄을 의지하니 우리 원나라를 보우하소서.", 이전의 화려한 말들은 모두 서두이고, 이 두 구절이 최종 목적이다.

앞다투어 추봉한 후에는 또 앞다투어 추모 제사를 지냈다. 20여 세기 동안 줄곧 작디 작은 곡부 땅은 이렇게 큰 중국의 정신적 '성지'가 되었다. 한 고조 유방劉邦부터 시작해 11명의 황제가 곡부에 '왕림'해 공자에게 제사를 지냈고, 그 중 청나라 건륭 황제는 8번이나 곡부로 '성지 순례'를 와서 공자를 제사 지내고, 삼배구도두三拜九叩頭로 지극한 예를 표했다. 황제가 임명하여 파견한 관리가 곡부에 와서 제사 드린 것은 더욱 빈번하여 196차례에 달한다.

공자의 이름과 호가 나날이 높아짐에 따라, 그 직계 자손도 시호가 더해지고 가봉되었다. 공자의 아들 백어伯魚는 송대에 '사수후泗水侯'로 추봉되었고, 손자 자사子思는 이수후沂水侯', '이국술성공沂國述聖公'으로 봉해졌다. 그 후의 자손은 서한西漢부터 북송 인종仁宗까지 받은 시호와 작위는 봉사군奉祀君, 박사博士, 고밀상高密相, 포성군襃成君, 관내후關內侯, 포성후襃成侯, 포정후襃亭侯, 송성후宗聖侯, 봉성정후奉聖亭侯, 숭성대부崇聖大夫, 숭성후崇聖侯, 추국공鄒國公, 소성후紹聖侯, 포성후襃聖侯, 문선공文宣公 등이 있다.

당 현종玄宗 개원開元 27년(739년) 공자를 '문선왕文宣王'으로 봉하고, 공자의 35대손 공수孔璲를 '문선공文宣公'으로 가봉하여, 공자 46대손 공종원孔宗願까지 12대를 세습했다.

송 인종 지화至和 2년(1055년), 집협원集賢院 조무택祖無擇이 상서를 올렸다. "조상의 시호로 후손에 더해주는 것은 좋지 않으니, 다른 봉호를 정하소서." 그래서 인종은 같은 해 2월에 조서를 내려 공종원을 '연성공'으로 개봉했다. 이로부터, '연성공'의 작위가 공자의 직계 자손에 대대로 세습되어 금, 원, 명, 청왕조를 거치며 그대로 계승되었다. 이로써 '연성공'이란 칭호는 1935년까지 900년 동안 내내 계속되었다.

이전에 한대漢代에 봉해진 '관내후'는 19 등작等爵이었고, '포정후'는 20 등작, 위魏의 '종성후'는 18 등작, 유송劉宋의 '봉성정후'는 오품, 북위北魏의

'숭성후'는 종2품, 북제 '공성후'는 서열이 3품, 당 '포성후'는 3품, 청 순치 원년의 '연성공'은 정1품으로, 상서尚書보다 높은 반열에 올랐다.

1055년 처음 공자 46대손 공종원을 연성공으로 봉한 후, 1935년에 '연성 공'의 세습이 그쳤고, 공자 77대손 공덕성은 '대성지성선사봉사관大成至聖先 師奉祀官'이었다. '연성공'의 처음과 끝, 이 두 건의 역사적 문서를 봐도 좋을 듯하다. 다음은 송 인종이 '연성공'을 봉한 조서이다.

"공자의 후손은 작위와 명호에 포상까지 더해 받으며 대대로 끊이지 않 고 오래 지속되었다. 한 원제元帝가 포성군으로 봉한 후 제사를 섬기며 평 제平帝 때 포성후로 고쳐 비로소 공자를 포성선니공으로 추시했다. '포성' 은 그의 국호이고 '선니'는 그의 시호이며 '공후'는 그의 작위이다. 후대의 자손은 명호가 빌고 끊이없이 변했지만 공자를 추존하는 큰 뜻은 잃지 않 았다. 당대 개원 중기, 공자의 시호를 '문선'으로 추봉하기 시작해, 그에게 왕의 작위를 주어 추존하여 그의 후대 포성후를 문선공으로 봉했다. 공자 의 자손은 국명을 빼고, 시호를 계승하니, 예의 실추로 이때부터 시작된 것 이다. 나는 전대의 교훈을 조사하고, 여러 신하들의 의견을 널리 받아들여, 한 왕조의 예를 모방하여 당 왕조의 과오를 바로잡으며 옛 제도를 조사하 고 명분을 바로잡으니 대의가 비로소 적절하게 되었다. 선제는 유가의 학 설을 숭상하며 궐리에 가서 친히 제사를 드리며 '지성'의 봉호를 처음으로 내리시니 존경하여 널리 알리는 의미가 담겨 있었다. 나는 대업을 계승하 여 선제의 유지를 따라 유학을 존중하며 대도를 중시 여겨 감히 잃거나 폐 하지 않는다. 어찌 공자의 후손이 계승하는 작위와 봉호를 바로잡는 것은 중요한 일이 아니겠는가? 마땅히 '지성문선왕'으로 고쳐 제46대손 공종원 을 '연성공'으로 봉한다." 국민정부의 새로운 임명은 이렇다. "24년(1935년) 1월, 국부國府 18일에 명하여 이에 공자의 직계 후손을 대성지성선사봉사

곡부 명대 고성의 한 모퉁이

관으로 삼고 특임관으로 대우한다. 이와 같이 명령한다."

각 왕조의 황제는 공자라는 간판으로 자기를 위해 정통성을 세우고 사람들의 마음을 한 곳으로 모았다. 황제를 위해 세워지고, 황제를 위해 이 간판을 높이 든 것이 바로 역대 연성공이다. 역대 연성공은 마치 공자의 유일한 대표처럼 많은 특권과 풍성한 이익을 누리면서 기꺼이 황권의 충실한 보호자가 되었다. 황제의 권력과 공자의 도, 이 둘이 서로 돕고 지지하며 하나로 합쳐져 나온 것이 연성공으로, 이천여 년 중국 전제 사회의 한 장면이 되었다.

명대에 공자를 '대성지성문선선사'로 가봉하고, 공자 가족에게 매우 실질적인 '성지聖旨'를 내렸다. 그 실질적인 내용으로는 연성공의 장자가 15세가 되면 작위 세습하여 정일품이 되게 하고, 둘째 아들이 15세가 되면 한림원翰林院 오경박사五經博士를 세습 받아 자사子思의 제사를 주관하며, 셋째 아들은 태상사太常寺 박사를 세습하여, 문상汶上의 성택원聖澤院 제사를 주관한다. 천하의 지방 관직은 모두 임용했으나, 오직 곡부의 공씨만 관직을 세속 하고 연성공으로 추천한다. 천하의 학관은 모두 교유敎諭를 임용하나, 오직 네 성씨(공孔, 맹孟, 안顔, 중仲)만 학록學錄을 임용하여 다른 곳보다 등급이 높았다. 공자 출생지 니산에 학록 한 사람을 배치해 제사를 주관하게 한다. 수사서원洙泗書院에 학록 한 사람을 배치해 제사를 주관하게 한다. 공묘의 제공악祭孔樂은 팔일八佾(천자의 제도)을 사용하고, 악무생樂舞生 240명을 배치하고 부역을 면제한다.

청 왕조에는 공자를 높이고 숭배하며 제사를 지내는 것과 충직하고 온순한 연송공을 보살피는 것이 모두 역대 황제들 중에 가장 융성했다. 청 대의 첫 번째 공자 추존의 절정기는 강희제로부터 시작했다. 그는 1684년 9월 곡부의 공묘에 와서 공자에게 제사를 지내고, 공자에게 삼배구도두의 예를

곡부 만인궁장萬仞宮牆

행했고, 공자를 "지극히 높은 성인의 도는 해와 달, 하늘과 땅과 함께 운행한다. 역대 제왕들이 모두 배우니 높은 관리, 선비, 평민이 모두 따른다."라고 찬양했다 강희는 친히 곡부에 와서 공자에게 제사를 드리는 것 말고도 10여 차례 높은 관원을 곡부에 파견해 공자에게 제사를 드리게 했고, 공자의 후손에게 풍성한 은총과 상을 하사했다. 일찍이 강희 6년에 공자의 67대손 공육기孔毓圻가 연성공을 세습했고, 강희 14년에 태자소사太子少師로 진급했다. 옹정황제雍正皇帝는 공자와 유학을 숭상하여 두 가지 일을 했다. 하나는 공자의 선조에 시호를 추봉한 것으로, 공자 이전의 오 대에 각각 왕 작위를 주어, 목금보木金父는 조성왕肇聖王, 기보祈父는 유성왕裕聖王, 방숙防叔은 이성왕詒聖王, 백하伯夏는 창성왕昌聖王, 공자의 부친 숙량흘叔梁紇은 계성왕啓聖王으로 추봉했다. 다른 하나는 궐리의 공묘를 크게 수리한 것이다. 옹정 2년 6월, 곡부 궐리의 공묘에 큰 화재가 났다. 옹정제는 즉시 거액을 내고 산동순무山東巡撫 동리董理가 책임지고 공묘를 다시 수리하게 하고 수리를 지체한 부府, 주州, 현縣 관리를 해임하고, 공묘를 중수하라고 명령했다. "공사가 마치면 크고 화려하고 웅대하고, 견고하며 웅장한 아름다움을 드러내고 각종 세부 사항도 완비하여 완전히 새로운 모습이 되길 기대한다."

중수 공사를 완성한 후인 옹정 8년(1730년)에, 조서를 내려 궐리의 공묘 내에 40명의 관원을 추가 배치했는데, 그 중 2품 2명, 4품 4명, 5품 6명, 7품 8명, 8품 9품 각 10명이다. 건륭 황제는 공자를 추존하여 역대 황제들 중 전에 없던 높이로 받들어, 통치 기간에 8차례 곡부에 제사를 지내러 왔고, 건륭 조에 연성공을 지낸 공광계孔廣棨, 공소환孔昭煥, 공헌배孔憲培, 공경용孔慶鎔을 예우하고 여러 차례 하사품을 주었다.

전제적 황권에 붙어 황제 정치의 중요한 구성 부분이 된 것이 역대 연성공의 진실된 모습이다. 공자의 상대적으로 독립적인 지식인의 입장, 그리고 사회와 통치자에 대해 의문을 제기하고 비판적이었던 태도와 비교할 때, 그의 후손 중의 연성공들은 마치 공자와 서로 등진 길을 걸은 듯 하다.

곡부 명대 고성 曲阜明故城

# 마지막 귀족, 공덕성과 공덕무

북경, 이 여섯 왕조의 옛 수도는 어쩌면 감가구<sup>甘家口</sup> 증광로<sup>增光路</sup>의 93세가 된 '세기의 노인'에 관심이 없을 수도 있다. 70㎡가 못 되는 작은 집에서 다시 그녀와 만났을 때, 나는 갑자기 조금 아쉽다는 생각이 들었다. 공덕무, 공자의 77대 유일하게 건재한 이 직계 자손이 아마도 중국의 마지막 귀족일 것이다.

빈틈없이 빗은 흰머리 속에 검은 머리카락이 몇 가닥 섞여 있다. 여전히 부드럽고 광이 나는 이마 아래, 세상 경험이 많은 가느스름한 두 눈이 속세의 구름을 넘어 지나간 시간의 깊은 곳을 바라보고 있다.

드높은 빌딩들과 구름처럼 많던 고관과 귀족들은 7~8m²의 거실과 거실 안에서 쏴쏴 돌아가는 선풍기를 비웃을 수도 있을 것이다. 그러나 웅장한 자금성조차 감히 그녀를 얕잡아 볼 수 없다. 위엄이 세상에서 으뜸가던 황가는 주마등처럼 교체되었지만 공자와 그의 가족은 2000년을 강물처럼 구불구불 끊이지 않았다. 공자가 그의 소 달구지를 몰며 중원 대지 위에 문명의 씨앗을 뿌릴 때, 이 옛 도읍은 여전히 황무지였을 것이다. 거실의 크지 않은 소파 위에 앉으면 발도 편안히 뻗을 수가 없다. 이런 소파에 앉아 93세의 노인은 담담하게 조상 공자에 대해 얘기했다. 얼굴에는 온화한 기색이 넘치고, 그 속에 역경을 견뎌낸 침착함이 내보여 생사를 초탈한 듯한 감동을 준다. 그녀는 아직도 어린 시절을 보낸 집, 부지가 약 13만㎡이고 460여 칸의 건물을 가진 곡부의 공부를 조용히 거니는 꿈을 꿀까?

세월은 사람을 기다려 주지 않는다. 어느덧 공덕무 여사는 이미 고향을 떠난 지 오래되어, 이 오래된 도시에서 76년의 세월을 보냈다. 고통과 즐거움이 뒤섞이고, 슬픔과 기쁨이 교차하는, 성인의 후손의 혈관 속에 흐르는 것은 이미 더 이상 순수한 의미의 혈통의 계승이 아니라, 귀족과 평민 생활이 뒤섞이고 가정과 민족의 운명이 혼합된 혈맥이다.

매년 수많은 여행객이 다투어 곡부의 그녀의 고향집 공부의 문지방을 넘나들 때, "천하 제일 가문"의 귀한 따님의 마음은 오히려 고요하다. 이 유난한 시끄러운 북경에서 말이다.

줄곧 그녀와 함께 해온 작은 아들 가달柯達은 땀을 흘리는 손님을 배려하면서도 고령의 모친이 감기에 걸릴까 염려하며 선풍기를 우리를 향해 돌렸다. 귀가 어두워서인지, 가볍게 소파에 기대어 살며시 고개를 뒤로 젖힌 노인은 잠시 동안 대화를 잇지 않고, 느릿느릿 작지만 뚜렷한 목소리로 이렇게 되 뇌였다." 집이 그립다. 늙을 수록 집이 그리워, 하지만 늙어서 돌아갈 방법이 없어. 집이 그립다."

북쪽에 자리 잡고 남쪽을 향한, 퀄리 거리에 있는 공부는 중국에서 규모가 가장 크고 역사가 가장 오래된 개인 저택이다. 여섯 문짝의 검게 옻칠한 대문의 문 머리에는 '성부聖府'라는 글자가 파란색 바탕에 금색으로 쓰인 편액이 세로로 높게 걸려있고, 문의 양쪽에는 차분하면서 위엄 있는 대련이 걸려 있다.

"나라와 같이 휴식하고, 평화롭고 존귀하며 지위가 높은 영광스런 저택, 하늘과 같이 늙어가며, 문장과 도덕을 갖춘 성인의 집." 이런 저택에서 17년을 산 공덕무 여사에게 사실 집의 대문은 낯설다. 공부의 규수인 그녀는 오랜 세월 내택의 문 안에 갇혀 지냈다. 놀기 좋아하는 아이의 천성은 높은 벽도 막을 수 없어, 답답할 때면 공부 동쪽 벽 아래의 큰 흙더미에 기어올라 담장에 달라붙

어 담벼락 밖의 세계를 내다보았다. 노점상, 짐꾼, 오고 가는 사람들, 길에서 한 가롭게 노니는 고양이와 개, 닭과 오리까지 모두 그녀의 마음속에 잔잔한 물결을 불러일으켰다.

비록 이삼백 명의 하인(공부 안의 하인은 많을 때는 700여 명에 달했다)이 있었지만, 주인이 아버지, 아버지의 부인 도씨陶氏, 큰 언니 덕제德齊, 남동생 덕성德成과 본인까지 다섯 명 뿐 인 공부는 확실히 공허하고 적막하게 느껴졌다.

태어날 때부터 사람을 평등하지 않게 만드는 신분제도가 그녀의 세상 살이를 더 고단하게 만들었다. 세 남매의 생모, 옥보취王寶翠라는 여성은 도씨의 몸종이라서 아버지에게 첩으로 들여졌고, 한 평생 매 맞고 욕을 먹으며 남을 시중들 수 밖에 없는 신분이었다. 도씨는 자녀를 남기지 못했고, 연이어 아이를 낳는 보취에게 기대와 증오의 마음을 품었다. 옥보취가 남자아이를 낳아 연성공을 잇게 되고, 그래서 공부에서 자신의 지위가 유지될 수 있기를 기대하면서도, 한편으로는 그녀와 남편 사이의 감정을 질투하고 남자 아이를 낳은 후 지위가 높아질까봐 미워했다.

그로 인해, 시녀 출신의 어머니는 자기가 낳은 아이들도 낳자 마자 도씨의 품에 먼저 안겨 주어 도씨의 자녀가 되게 하고, 그 후에는 유모의 품에 길러지게 넘겨줄 수밖에 없었다. 공덕무 여사는 슬픈 기색을 띤 채, 자기의 생모를 회상했다. "어머니의 사랑과 가정의 따스함이 무엇인지 나는 모릅니다… 친어머니는 비록 가까이 있었지만, 우리에게 다가와 뽀뽀하거나 한번 안아주지도 못했고, 사랑스런 눈빛으로 우리를 봐서도 안됐습니다. 시선을 내리깔고 우리 앞에 공손하게 서있을 뿐, 다른 하인과 마찬가지로 우리를 '큰 아가씨', '작은 아가씨'라고 불렀습니다. 친어머니는 아직 아이일 때 자기의 엄마 곁을 떠나야 했고, 엄마가 되어서는 자기의 아이들을 떠나야 했습니다. 이것이 어찌 어머니만의 비극이겠는가? 아이들에게도 역시 비극이었다. 친어머니만 자식을 자식으로 대하지 못했을 뿐만 아니라, 자녀들도 도씨를 어머니로 여기고 '엄마'로 불러야 했다. 더 슬픈 것은 젊고 아름다운 이 여성이 공씨 가문을 위해 연성공을 잇게 될 아들 공덕성을 낳았을 때, 북경에서 곡부까지, 총통에서 평민까지 모두 공자의 직계 후손의 탄생에 환호했지만 어느 누구도 이 젊은 어머니를 떠올리지 않은 것이다. 공자의 가문과 중국을 위해 공자의 77대 직계 자손을 낳은 지 17일 뒤에, 옥보취는 날조된 '산후병'으로 죽었다(실제로는 도 씨에 의해 살해당했다고도 한다). 그녀는 죽음을 재촉하는 한 그릇의 탕약을 강제로 마셔야 했다. 자신이 더 이상 이 세상에서 살 수 없음을 알고, 아이들을 한번 만 보게 해달라고 애원했지만, 이 마지막 소원조차 매몰차게 거절 당했다. 그녀는 몸종이므로 그럴 권리가 없다는 것이 이유였다.

공덕무가 3살일 때, 아버지 16대 연성공 공령이가 병으로 북경에서 죽은 지 얼마 되지 않아 유복자 공덕성이 출생했고, 그 후 생모가 참혹하게 죽었다. 나중에는 큰 누나 덕제가 시집 가고, 공덕무가 13살 때 도씨가 세상을 뜨자, 그 큰 공부에 그녀와 남동생 덕성만 남았다.

孔子의 고향 곡부를 만나다

대성전의 한 모퉁이

슬프고 고통스러운 한기가 자주 몰려 들었다.

그녀의 마음속에 깊게 뿌리내린 90년의 따스한 정은 거의 모두가 남동생 덕성으로부터 온 것이다. 남동생 덕성은 그녀 일생의 정신적 지주가 된 것은 남동생이 공자의 직계 자손으로서 위엄과 명망, 봉호封號, 권력과 영향을 계승했기 때문만이 아니라, 남동생으로부터 그녀 인생에서 가장 크고, 가장 깊은 혈육의 정과 위안을 얻었기 때문이다.

그녀는 남동생과 함께 공부하고 글을 쓰고, 공부 뒤의 화원에서 놀았으며, 공부의 동쪽 담벼락 위에 매달려 오래도록 바깥을 내다 보았다. 특히 큰 언니가 시집 간 후, 그녀와 남동생은 더욱 그림자처럼 붙어 다녔다. 남동생이 손님을 접견하는 횟수가 많아지기 시작했어도, 그녀는 인내심 있게 남동생과 둘만 남을 때까지 기다렸다.

어떤 때는 남동생을 데리고 친어머니가 자던 침대 곁에 말없이 멍하니 서서 생각에 잠겨 눈물을 흘리기도 했다.

그녀가 13세 정도 되었을 때, 도씨가 병으로 죽고 이미 세상을 떠난 지 10년이 지난 공령이와의 합장이 준비되던 중이었다. 이때, 착한 마음씨를 가진 한 종친이 옥보취가 77대 연성공을 낳아 공부를 위해 큰 공을 세웠으니 세 사람을 합장해야 한다고 주장했다. 이것은 공부의 역사상 전에 없던 일로, 누나와 동생은 감동하여 흐느껴 울었다. 그녀는 즉시 남동생을 데리고 무릎을 꿇고, 마음씨 착한 종친을 향해 머리 숙여 감사를 표했다.

시간의 물결이 많은 기억을 다 정화시켜 가장 감정을 불러일으키는 사람과 일만 더 또렷하게 남게 한다. 유모 왕씨는 바로 그녀가 잊을 수 없는 사람이다. 그녀는 매일 아침 왕씨가 그녀의 머리를 빗기고 단장해주며 자주 하던 말을 지금까지 기억한다. "정말 보취 아가씨와 똑 닮았어요." 그녀는 이것이 자신의 어머니, 옥보취라는 사람을 말하는 것을 알았다. 이 말을 들으면 어머니에 대한 동정과 그리움이 몰려와 마음이 아팠다. 정말 견디기 어려울 때면, 남동생과 함께 후문으로 나가 공림의 부모의 묘지 앞으로 달려가서 묵묵히 생각에 잠겨 말없이 눈물을 줄줄 흘렸다.

남동생과 헤어져야 하는 날이 끝내 오고야 말았다. 17세의 공덕무는 시집을 가게 되었다. 남편은 북경 가소민柯劭忞의 작은 아들 가창분柯昌汾이었다. 가소민은 청대 저명한 역사학자로, 청의 한림翰林, 청사관清史館 관장을 역임했고, 애신각라愛新覺羅 · 부의溥義(중국의 마지막 황제)를 가르쳤었다. 큰 누나도 가고, 이제는 둘째 누나마저 떠나게 되었다. 15살 밖에 되지 않은 덕성은, 공부에 귀중한 대대로 전해지는 보물을 두 누나에게 '혼수품'으로 내어 주었다. 하나는 긴 세월 전해 내려온 크기가 책상 만한 황련목 여의如意로 위에는 〈문왕백자도文王百子圖〉가 정교하게 조각되어 있고, 형태가 각각 다른 백 명의 작은 아이가 한 노인을 둘러싸고 있다. 다른 하나는 다이아몬드와 진주가 가득 박힌 큰 황금 종이었다.

그녀가 결혼을 준비하고 있던 나날 중, 남동생 덕성의 식사량은 크게 줄어 들었다. 둘째 누나가 봉황관을 쓰고 수를 놓은 예복을 입고 꼭대기가 금으로 장식된 8명이 드는 꽃 가마에 올라 탈 때가 되자, 15살 남동생의 얼굴과 마음은 슬픔으로 굳게 닫혔다. 둘째 누나가 떠난 이튿날, 공덕성은 병에 걸려 누웠다. 병에 걸린 남동생은 자기를 위해 '홀여彳餘(홀로 남겨지다)'라는 자字를 지었다.

쏴쏴, 선풍기가 조용히 돌아가며 바람을 불고 있다. 이미 회상에 깊이 빠진 노인이 중얼중얼 말했다. "이것은 홀로 고독하여 적막하지 그지 없다는 뜻입니다."

신부 공덕무는 분명히 아련한 동경을 가지고 집을 떠났을 것이다. 17살의 신부는 큰 봉황이 수 놓인 붉은 치파오를 입고 북경의 가씨 집안에 들어갔다.

그러나 비극은 언제나 귀족 집안의 여성을 내버려 두지 않는다. 공덕무를 기

공덕무孔 德懋

다린 것은 하루 하루 길게 이어진 견디기 힘든 어두운 날들이었다. 가소민에겐 세 명의 아들이 있었는데, 큰 아들 가창사柯昌泗, 둘째 아들 가창제柯昌濟는 모두 갑골문자 학자였으나, 유독 막내 아들 가창분은 인재가 못 되고 변변치 못하여 기생집을 출입하고 먹고 마시고 도박을 하며 대갓집 규수인 새 신부를 빈방에 쓸쓸하게 내버려 두었다.

집에 돌아올 때도 있었지만 그것은 집에 와서 부인에게 돈을 요구하기 위한 것으로, 아주 거친 태도로 공덕무가 시집 올 때 가져온 진귀한 보물, 금전, 비첩碑帖, 글자와 그림, 심지어는 공부에 대대로 전해 내려온 귀한 황련목 여의와 다이아몬드와 진주가 가득 박힌 황금 종까지 남김없이 뜯어 갔다. 이 호강스럽게 자란 귀족 자제는 책임감 없이 아들과 딸을 거들떠 보지도 않았고, 밤낮으로 집에 비워 자기의 아름답고 한 많은 부인을 무정하게 냉대했다.

한 젊은 여자가 태박사太僕寺 거리에 있는 가씨 집안의 커다란 저택에 외로이 살며, 밤낮으로 고독한 영혼을 갉아먹고 있었다. 자기처럼 고달픈 운명의 언니(청대 저명 서예가 풍서馮恕의 작은 아들에게 시집감)는 결혼 후, 늘 우울하고 근심이 많아 25세의 나이에 죽었다. 의지할 사람이 없던 공덕무는 더욱 고독하고 쓸쓸했다.

루쉰魯迅은 〈홍루몽紅樓夢〉의 대관원大觀園에 "슬프고 처량한 안개가 화려한 숲을 가득 뒤덮어 숨을 쉬고 깨어 있는 사람은 오직 보옥寶玉 뿐이다."라고 말했다. 맑은 물처럼 청순한 여인, 임대옥黛玉과 청문晴雯은, 운명이 '슬프고 처량한 안개'에 둘러 쌓였어도 보옥이라는 남자에게 이해와 사랑을 받았다. 아름답고 감정이 풍부했던 공덕무는 어땠는가? 고민과 절망에 영혼이 거의 삼키고 빨려 메말라갔다.

침실 뒷편은 가씨 집안의 료원蓼園이라는 화원으로 많은 야생의 여뀌 꽃蓼花들이 자라고 있었다. 고독한 공씨 가문의 아가씨는 매일 이 황량하고 텅 빈 정

원을 걷다가 쉬고, 쉬다 거닐곤 했다. 어떤 때는 실제 같은 환각을 보아, 천리 밖의 공부가 현실과 꿈 속에서 '진짜'처럼 나타났다. 이 은은한 것은 공부 화원 안의 연꽃의 맑은 향기인가? 좋다, 이 멈춘 듯한 시간에 화원에 연꽃이나 심자. 매일 동생과 서재에 공부하러 가며 큰 매화나무蠟梅를 지날 때마다 누나와 동 생은 한바탕 신나게 놀았었다. 그렇다면, 이 적막하고 주인 없는 료원 안에 매 화나무를 심자. 공부 내택의 전상방 뜰의 두 그루 석류나무는 매년 꽃이 피고 열매가 맺히겠지? 달이 둥근 중추절中秋이면 항상 남동생과 같이 석류를 땄었 잖아? 딸 때마다 마음속에 즐거움이 입을 벌린 석류처럼 반짝이고 투명한 웃음 이 넘쳤었지? 그래, 료원과 침실의 입구에 하나씩 석류나무를 심자. 서늘한 아 침에도 "까악" 하고 날아다니며 우짖는 새소리를 다시 들을 수 없었다. 그것은 공부의 오래된 나무 위에서만 서식하는 학명이 백로鷺鷥라는 새였다.

산책하다 한가하게 앉아 있으면, 어떤 때는 공묘의 맑고 우렁차며 길게 늘어 지는 제사지내는 소리가 상상 속에 들리기도 했다. "집사자執事者는 각자 맡은 일을 하시오─", "배제관陪祭官은 위치로─", "분헌관分獻官은 위치로─", "나오 시오─ 절하시오─ 바로 하시오─", 이것은 어린 남동생이 대성전에서 제사를 지내던 때였다.

매일 저녁 등불을 켤 때도 공부의 하인이 큰 소리로 외치는 "문 닫아요!"라는 소리를 다시 들을 수 없었다. 특히 길고 길던 밤에도 공부 뒤의 화원에서 들려 오던 '딱, 딱'하고 울리던 야경꾼 소리를 다시 듣지 못했다. 잠이 안 올 때, 공덕 무는 아름답던 한 젊은 여자를 떠올렸다. 그녀는 여전히 자기의 대문 입구에서 울다가 웃을까? 그녀는 70여 세의 공부본孔府本에게 시집간 후 실성했다. 잠이 오지 않을 때, 공덕무는 공부의 가까운 종친인 '어질고 착한 큰 부인賢良大太太' 를 떠올렸다. 약혼 후 결혼을 하지도 않았는데 남자가 죽어서 그녀는 남편의 위패를 안고 가마에 오르고 하늘과 땅에 절하고 신방에 들어갔다. 그리고 혼례

복을 벗고 상복으로 옷을 갈아입고 평생 과부로 살다 죽었다.

이것이 여자의 운명인가?

잠이 오지 않을 때, 그녀는 한 번 또 한 번, 수없이 남동생이 자기를 위해 써 보낸 시를 되뇌었다. 깊은 밤까지 읊다가 끝내 울음이 터져 눈물로 베갯잇을 적셨다.

黃昏北望路漫漫, 황혼에 북쪽을 보니 길이 멀다

骨肉相離淚不幹. 가족이 서로 떨어져 눈물이 마르지 않는다.

千里雲山煙霧遮, 먼 길은 구름 낀 산과 안개에 가로 막혀

搔首獨聽雁聲寒. 근심하며 혼자 듣는 기러기 울음 소리가 차갑다.

(〈그리운 둘째 누나懷二姐〉)

寒夜柝聲覺更遲 추운 밤 딱따기 소리에 잠이 더 오지 않아

靑燈光下自吟詩 푸른 불 빛 아래 혼자 시를 읊는다.

獨嘆歲華今又晚 홀로 세월을 탄식하며 오늘도 밤이 깊었다

萬里月光寄相思 만리의 달 빛에 그리움을 부친다.

(〈밤중에夜中〉)

······

남동생 공덕성은 1949년에 대만으로 건너 갔다. 중화 대지에 둘 밖에 남지 않은 공자의 직계 후손은 서로 멀리 떨어져서 만나기 힘들게 되었고, 서로 다른 길을 걷게 되었다.

한 때 공부의 귀한 규수였던 공덕성은 철저하게 인간 세상으로 떨어졌다. 이미 30세가 넘어 남편과 이혼한 공덕무는 4명의 자녀를 데리고 새로운 세상에서 생계를 도모해야 했다.

한 때 머리에 둘렀던 공자의 직계 후손이라는 후광 때문에 죄인 취급을 당했다. 그녀는 방공호를 파는데 보내지고, 기차에 올라 석회를 내리고, 벽돌 가마에서 벽돌도 구워야 했다.

그때의 세월을 회상하며, 그녀는 마치 찜통 같은 벽돌 가마 속에 있는 듯, 살짝 웃음기를 띄며 말했다. "가마 안은 어찌나 더운지, 숨도 못 쉬어요. 들어간 지 일분 이분 만에 사람을 바뀌서, 바로 나와야 돼요. 그 세월 동안, 거리를 쓸고 빨래도 하고 뭐든 다 했어요, 안 한 것이 없어요." 배고픈 나날들도 있었지만, 아이들을 위해 살아야 했다. 그녀는 집 안의 돈이 될 만한 물건은 다 팔았다.

그녀도 당연히 그녀를 비난의 과녁 또는 타인을 향한 화살이 되게 했던 날들도 겪었다. 문화혁명 시절에 식솔을 거느린 공덕무는 오히려 진정한 귀족의 본색을 드러냈다. 전통 문화의 내공이 깊고 서예에 뛰어난 공덕무였지만, 짧은 말로 이런 임무를 회피할 수 있었다.

"나는 가정주부라 비판서는 쓸 줄 몰라요!"

차마 회상하기도 힘든 세월과 마음속의 상처들이 있었지만, 그녀는 평민들과 함께 평민 생활의 흙 냄새를 흠뻑 맡은 후, 세월을 이겨낼 놀라운 힘을 얻었다. 지난 날의 가냘픈 귀족이 4명의 아이들을 키우면서 고통을 이겨내고, 세월의 풍파를 겪은 생명에 새로운 가지와 이파리를 피워냈다. 나는 공덕무 여사에 대한 보도를 몇 개 발췌했다. "북경시 서성구西城區 정치 협상 회의政治協商會議 위원을 역임했다", "1983년부터 제6, 7, 8회 전국 정협 위원에 당선되었다.", "1995년 9월, 공덕무가 중국 정부 대표단의 정식 대표로 UN의 제 4차 세계 부녀 대회에 참가했다.", "공덕무 여사는 자선 사업과 공익 사업에 힘써 종사했고, 중국 공자 기금 부회장, 중국 평화 통일 추진회中國和平統一促進會 이사 등의 직무를 담당하고 있다."

1949년 가을, 62세의 공덕무는 드디어 공자의 적손의 신분으로 떠나온 지 아주 오래된 친정 곡부로 당당하게 돌아가 출생지인 공부에 머물렀다. 그녀는 연주兗州 기차역에서 내려 신나게 어린 시절의 고향으로 들어갔다. 집은 여전히 그대로였지만 알던 가족과 고향 사람은 아무도 없었다. 곡부의 고향 사람 누구도 45년 전에 시집간 이 여인을 알지 못했다. 어디서 온 할머니가 공자의 후손을 사칭하는가? 바로 이 '할머니'가 많은 사람이 둘러싸서 보는 가운데, 흰 종이 위에 붓을 휘둘러 하지장賀知章(당나라의 시인)의 글자마다 감정이 담긴 시구를 써 내렸다. "어린 시절 집을 떠나 다 늙어 돌아오니, 고향 사투리는 변함없지만 머리는 희어졌다. 어릴 적에 봤으나 서로 알아 보지 못하고, 웃으며 어디서 왔느냐고 묻는다." 사람들은 호쾌한 필묵을 따라 눈물이 종이 위에 떨어져 천천히 번져 나가는 것을 보았다.

'까악'하고 우짓는 새소리를 듣고, 석류와 연꽃과 매화를 보았으며, 남동생과 어머니의 동상 앞에 오래도록 멈춰 섰다가 공림에 가서 아버지와 어머니의 새로 쌓은 묘 앞에 절을 했다.

그러나 공덕무는 마음속이 텅 빈 것처럼 쓸쓸하게 느껴졌다. 왜냐하면 그녀가 곡부에 도착하자 마자 찾았던 그 사람을 아직 찾지 못했기 때문이다. 그녀는 그 사람을 찾아서 정중하게 절하고, 꽉 끌어안고 놔주지 않을 생각이었다. 그녀가 잊지 못하는 그 사람은 바로 그녀의 유모 왕 씨였다. 왕 씨의 젖을 먹고 자랐고, 그녀와 함께 북경에서 가장 힘든 세월을 보냈다. 남편 가창분의 거칠고 무례한 모습을 보고 줄곧 예의 속에서 자란 아가씨가 당황하여 쩔쩔맬 때, 왕 씨는 용감하게 뛰쳐나와 아가씨 곁을 지켰다. 왕 씨는 혼자 곡부로 돌아와서도 늘 자기의 '젖먹이'를 걱정했다. 기근이 전국을 휩쓴 겨울에 홀로 4명의 아이들을 기르며 더 이상 버티기 힘들었던 공덕무는 뜻밖에도 곡부의 먼 농촌에서 왕 씨가 보내온 돈과 그녀가 지은 솜옷, 솜이불, 솜 신발을 받았다. 이 의

孔宅故井

공부 내택의 오래된 우물

지할 데 없는 노인이 외진 벽지의 농촌에서 살며 어떻게 기아와 추위를 견뎌왔는지 자신이 쓸 생필품을 아끼지 않고, 이 태산보다 귀한 '눈 속의 숯'을 나누어주며 '젖먹이'가 생사의 난관을 견뎌내게 했다.

겨우 찾은 왕 씨의 소식은 그녀가 이미 이 세상에 없다는 것이었다.

공덕무가 74세가 되었을 때, 그녀의 말년에 가장 행복한 일이라 할 만한 일이 생겼다. 헤어진 지 42년 만에 남동생 공덕성, 자를 "달생達生", "혈여子餘"라 했던 친동생을 만난 것이다.

1990년 11월 24일 오후, 일본 친구의 주도 하에, 공덕무 여사는 버스를 타고 일본 레이타쿠대학麗澤大學의 대강당에 먼저 도착해 숨을 죽이고 초청받아 강의하러 온 남동생을 기다렸다.

그녀는 오른쪽 문을 응시했다. 오후 1시 10분, 문이 열리는 순간, 강당 안의 쏟아지는 박수 소리는 들리지도 않았고 급하게 뛰는 심장만이 외쳤다. "그다, 그야! 사진으로 수도 없이 보던 내 가족, 꿈속에서 수천 번 그리던 동

孔子의고향곡부를만나다

공부 삼당三堂

생이야!"

71세의 공덕성 선생은 강당에 들어와 학생들을 향해 한번 또 한번 정중히 허리 굽혀 인사한 후 느린 거름으로 강대상에 올라섰다. 익숙한 곡부 억양으로 공자의 〈논어〉를 강의 할 때, 그는 무대 아래 뒷자리에 자기가 42년 간 오매불망 그리워하던 누나와 조카가 있으리라고는 전혀 생각하지 못했다. 공덕성 선생이 강당으로 들어와서 오후 2시 10분에 강의를 마치고 휴게실로 들어가자 공덕무는 완전히 모든 것을 망각한 상태에 빠져들었다. 공덕무는 우환을 실컷 겪은 눈에 자애로 가득한 마음을 담아 강대상 위의 이 백발이 성성한 남동생을 바라보았다. 그의 곧게 세운 허리와, 중후한 목소리, 이가 빠져 약간 오므라진 입술에서부터 그의 모든 제스처와 표정을 그녀는 모두 기억 속에 새겼다.

남동생의 강연을 듣는 이 한 시간 동안 공덕무 여사는 마치 반 세기가 지난 것처럼 느껴졌다. 남동생이 강의를 마쳤을 때, 그녀는 여전히 멍하니 의자 위에 앉아 있었다. 그녀가 그 때의 느낌을 회상하며 나에게 말했다.

"나는 꿈을 꾸는 것 같았어요. 울컥 목이 메이고 가슴이 몹시 아팠습니다."

남동생이 넓은 보폭으로 휴게실로 들어가는 것을 보면서도 그녀는 여전히 자리에 멍하니 앉아 있었다. 함께 온 카네코 타이조金子泰三 교장이 감격을 억누르지 못하고 공덕성이 쉬고 있는 휴게실로 서둘러 들어가며 말을 고를 틈도 없이 급하게 외쳤다. "누나가 왔어요! 누나가 왔어!" 카네코의 누나가 온 줄로 오해한 사람이 적지 않았다. "그럼 누나를 들어오라고 하세요." 공덕성은 곧 자기의 누나가 가까운 곳이 있다는 것을 깨닫고는 벌떡 일어나 서둘러 맞이하러 나가 "둘째 누나, 어떻게 오셨어요."라고 말했다. 누나와 동생은 42년의 세월을 넘어 오래도록 끌어안고 함께 울었다.

남동생의 억누른 울음 소리와 눈물이 누나의 등을 적셨다. 누나는 엉엉 울면서, 스카프로 흐르는 눈물을 되는대로 훔쳤다.

오래도록 누나와 동생은 끓어 안고 눈물만 흘렸다. 울음 소리와 카메라의 찰칵 소리가 뒤엉켰고, 시간과 공간에 엄숙함이 맺혔다.

2시 58분, 이별을 앞둔 누나와 동생은 여전히 아쉬워했다. 누나는 남동생을 안심시키며 매년 청명절에 곡부의 공림으로 조상의 무덤에 제사 지내러 오라고 했다. 남동생은 오랫동안 끓어 앉아 있던 조카를 일으켜 세우며, "어머니를 잘 모시거라"라고 당부했다.

3시 정각에 공덕성 선생과 누나는 서로 기댄 채, 누나를 문 밖의 잔디밭까지 배웅했다.

헤어질 수 밖에 없었기에 누나는 속으로 자신을 타일렀다. "돌아보지 말자, 돌아보지 말자, 돌아보면 다시는 못 헤어진다." 이렇게 달래면서도 그녀는 참지 못하고 다시 한 번 뒤를 돌아 보았다. 돌아본 곳에는 남동생이 손을 흔들며 눈물을 흘리고 있었다.

남동생은 2016년에 그녀보다 일찍 세상을 떠났다. 그러나 그녀의 남동생은 일분 일초도 그녀를 떠나지 않았다. 작은 거실의 한 쪽 벽 위에 그녀와 남동생이 일본의 레이타쿠 대학에서 만난 큰 사진이 걸려있다. 다른 쪽 벽 위에는 그녀와 남동생, 올케가 대만에서 함께 찍은 사진이 걸려있고, 사진 양 옆에는 남동생이 그녀를 위해 쓴 대련이 걸려 있다.

비바람 속에서 술 한잔을 마시고, 만리 강산에 가로 막혔지만 마음은 함께 한다风雨一杯酒,江山万里心. 그녀의 소박하기 이를 데 없는 침실에는 간소한 철제 침대 위에 딱딱하고 거친 대나무 돗자리가 깔려 있고, 침대 머리 쪽 난방 장치의 선 위에도 그녀와 남동생이 함께 찍은 사진이 크게 걸려 있다.

서거한 동생은 자기를 공림의 부모 곁에 함께 묻지 못하게 했다. 그는 또 한 번의 소동이 겁났던 것일까?

그러나 뭐가 됐든 그녀와 그녀의 남동생은 공자가 경작하던 토지 위, 비바람도 사그라뜨리지 못했던 혈육의 정 안에 이미 생명의 뿌리를 깊이 내렸다.

중국의 가장 큰 귀족 가문에서 태어났으나, 비바람의 단련으로 마음속이 평민의 감정으로 가득 찼다. 이것이야말로 93세인 공덕무 여사의 가장 매력적인 본 모습일 것이다.

제4장

곡부의 인물

孔子의 고향 곡부를 만나다

공자상 마원馬遠 남송南宋

# 자연과 황제 사이의 공상임

곡부는 고대 중국에서 매우 시끌벅적 한 곳이었다, 이렇게 떠들썩한 곡부에 놀랍게도 조용하고 소박하며, 적막함과 깨끗함이 응축된 세상이 있었다.

곡부성에서 북쪽으로 25km 떨어진 곳에 높고 적막한 한 산이 있는데 옛날에는 운산雲山으로 불렸다. 두 봉오리가 문짝처럼 서로 마주보며 반기는 것 같기도 하고 거절하는 것 같기도 하여, 석문산石門山이라고도 불린다. 산 위 고목의 푸른 등나무, 차가운 샘물이 흐르는 깊은 계곡, 산 아래 사하泗河가 멀고 길게 이어져 조용하고 온화하며 차분하다.

뜨거움과 차가움, 시끄러움과 고요함, 속세와 맑음이 이렇게 마주보며 천 년 또 천 년을 대치하고 있다.

마침내, 이 대치 가운데서 한 사람이 걸어 나왔다. 그는 공상임으로, 자는 빙지聘之 또는 계중季重이고, 호는 동당東塘, 별호는 안당岸堂이며, 운정산인雲亭山人으로 자칭했고, 곡부 호상촌湖上村 사람으로 공자의 64대손이다.

이치대로 라면, 공자의 정통 후예는 자기 몸을 수련하고 가정을 안정시키며 나라를 다스리고 천하를 평정하는修身齊家治國平天下 것이 그의 '본업'이어야 했다. 그러나 어쩐 일인지 이 정통 유생은 산수를 유난히 좋아하여 지나칠 정도로 빠져 들었다.

소란스런 곡부와 대치하고 있는 석문산이 바로 그가 가장 좋아한 장소였다.

그는 분명 학교에 들어가 제생諸生(명대에 시험을 거쳐 입학한 학교 배우던 생원을 말함)이 되어야 했던 어린 시절과, 집중하여 공부하던 청소년 시기에 석문산에 놀러 와, 그 중에서 학문 속에는 없는 '살아있는 기쁨'을 느꼈을 것이다. 이 기쁨은 인류가 생겨난 이후부터 줄곧 존재해온 것으로 대자연이 사람의 본성 중에 심어 놓은 것이다.

공상임이 31세에 종친의 아우 상탁尚倬, 상각尚恪과 함께 석문산을 유람할 때 이런 영혼의 즐거움을 감출 수 없었다. 그는 '비할 데 없이 기묘'한 석문산이 노성魯城에서 50리도 채 안 되는 곳에 있는 것에 놀랐다. 어째서 노나라 사람들은 여태 관심을 가지지 않았는가? 그는 석문산을 단번에 간파했다. 빽빽한 나무와 짙은 구름보다 더 넓고 아득한 기운, 단풍잎과 푸른 샘물보다 더 깨끗한 뼈대, 고목과 험준한 암석보다 더 차가운 정신, 선명한 꽃들과 기이한 새들보다 더 미묘한 품을 이해했다. 공상임이 산을 사고, 기록하고, 산에 오두막을 지어 은거하며 "술을 땅에 부어 두 사람과 맹세를 한다. 오늘 이후로 만약 이 산을 저버리면 바로 이 술과 같이 될 것이다."(공상임, 〈유석문산기遊石門山記〉)

그 해, 그는 정말 산에 들어가 공부했다. 그 다음 해에도 그는 여전히 산 중에서 책을 읽었고, 이후 4년을 그곳에서 보냈다.

이런 산과 물에서 영감을 받아, 유쾌한 영혼은 창조의 활력을 얻고 자유롭게 날개를 펼쳤다. '고상'한 체면과 금기를 벗어 던지고 낮과 밤의 경계도 지워버리고 바람과 구름을 술 삼고 산과 계곡을 안주 삼아, 친척 동생들과 마음껏 이야기하고 큰 소리로 웃으며 자유롭게 즐기고 감탄하고 소리 질렀다. 매우 더운 여름 밤에는 친척 안광민顔光敏과 함께 촛불을 켜고 옷을 벗어 던진 채 노비와 하인들에게서 곡부의 민간 속담을 수집했다. 한가하고 조용한 석문산은 마음대로 상상의 나래를 펼치기에 더없이 좋은 곳으로, 명말 복사復社(문인들의 모임)의 문인 후방역侯方域과 진회秦淮의 유명 기생 이향군李香君의 사랑 이야기는 공상임의 마음속에서 남명南明(명나라가 멸망한 뒤 왕실 계통의 일족이 세운 지방정권)의 번영과 쇠락과 역사의 풍파, 사람의 운명에 대한 탄식으로 무르익었고, 이향군의 붉은 피가 뭍 도화선은 나비로 변해 그의 머리 속에서 밤낮 떠다녔다.

그러나 이 산 옆은 어쨌든 시끌벅적한 곡부성, 즉 황제에게 가까이 갈 수 있는 출세의 명당이었다. 중국의 유생과 선비들에게 곡부는 아마 적막한 석문산보다 매력적이었을 것이다.

"나라와 같이 휴식하고, 평안과 부귀를 가진 영광스런 저택. 하늘과 같이 늙어가는, 문장과 도덕을 갖춘 성인의 집." 공부의 대문 앞에 멈춰 서서 문 옆 기둥 위의 이 긴 대련을 볼 때마다, 나는 루쉰 선생의 〈일점비유一點比喩〉 중의 지배층이 목에 방울을 달아 '지식계급의 휘장'으로 삼았다는 산양이 떠오른다. 온화, 선량, 공경, 절약, 겸양의 다섯 가지 덕이라는 양 무리가 "한 떼의 긴 무리를 이루어 기세가 대단하다. 서로 딱 붙어 북적대며 유순한 표정으로 그를 바짝 좇아 종종거리며 앞길로 내달린다."

조상의 사회 참여 정신이 유전되었는지, 아니면 과거를 보고 공명을 추구하는 것이 중국 지식인의 운명이었는지, 아니면 편안하고 여유롭고 영광스러운 그 소란스러움의 유혹을 거부하지 못했는지, 공상임은 석문산을 떠났다.

1678년, 남명의 저항 세력이 이미 소탕되고, 삼번三藩의 난(오삼계吳三桂, 상지신尙之信, 경정충耿精忠 등의 삼번이 일으킨 반란)도 이미 평량平涼 제독 왕보신王輔臣, 정남왕靖南王 경정충耿精忠이 청에 투항하여 흐지부지 되었다.

이미 즉위한지 17년이 된 강희제는 이 해 정월正月에 조서를 내려 박학홍사博學鴻詞 시험을 열었다. "예로부터 한 세대가 흥성하게 되면 반드시 박학한 대유학자가 있어 문화를 진흥하고, 경사와 사서를 밝게 해석하고 문장을 수식하여 자문과 글쓰기를 준비하게 했다. 학습과 품행이 모두 우수하며 글쓰기에 출중한 문사라면 이미 관직에 있든 없든 상관 없으니, 북경의 3품 이상의 관리,

외지의 총독, 순무, 시정사, 안찰사 등은 각자 알고 있는 인재를 추천하길 명한다. 짐朕이 직접 시험하고 임용할 것이다."

이미 31세인 공상임은 초조해지기 시작했다. 그는 친척 안광민이 진사가 되고, 종친 형 공상고孔尚考가 향시에 합격하고, 연성공 공육기孔毓圻가 당대에 전에 없던 대우를 받는 것을 지켜 보았다. 그것이 어느 정도의 '성은'이었는가 하면, 먼저 소성태후昭聖太后가 초대하여 차와 음식을 하사하고 환관에게 궁전 문까지 배웅하게 했으며 관원들에게 그를 잘 모시게 했다. 이어서 황제를 알현하고, 조정을 물러나올 때 강희제가 공육기가 황제만 걸을 수 있는 어도御道로 걷도록 특별히 명령했다. 그는 연성공 마음속의 두려움을 보지 못했다. 공육기는 여러 번 거절하며 주저했으나, 황제의 재촉 아래 전전긍긍하며 조심 조심 어도를 걸어 황궁을 나왔다. 공상임은 자기의 산 속 오두막을 벗어나 높은 곳으로 향했다. 석문산의 가장 높은 곳까지 올라가, 정상에 선 공상임은 사방에서 불어오는 바람을 맞으며 멀리 북경을 바라다보았다. 한 마리 독수리가 눈 앞에서 몇 바퀴 선회하다 갑자기 바람을 타고 하늘 높이 날아 올랐다.

산수가 그의 영혼의 줄로 연주하던 즐거움은 점차 사그라들었다.

그 해 가을, 공상임은 제남濟南에 가서 향시鄕試에 참가했다. 불합격의 찬물을 뒤집어 썼지만 그의 공명에 대한 열망은 꺼지지 않았다. 3년 후, 34세가 된 공상임은 벼슬길의 가망이 없어 사람들에게 비웃음을 받는 평민으로는 만족할 수 없어서 성 근처의 밭을 다 팔아 국자감생國子監生이란 '관직'을 샀다. 국자감은 국가의 최고 학부로 이곳에서 3년을 공부하면 '이부의서吏部議敘'에 임직할 수 있는 자격이 주어진다. 그러나 공상임이 돈으로 사들인 '예감생例監生'은 청 대 제도의 규정에 따르면 천거를 받지 못하면, 정식으로 과거 시험에 합격하여 임관한 사람의 길로 옮겨갈 수 없었다. 어쩌면 공상임은 마음속에 언젠가는 추천을 받아 국가의 동량棟梁이 될 기대를 품고 있었을까? 열망을 가득 품었지만 재능을 펼칠 기회를 얻지 못한 공상임의 마음은 분명 괴로웠을 것이다. 그는 친척 안광민에게 보낸 편지 중에 이렇게 자신을 분석했다. "저는 요즘 삶이 어지럽고 정리가 안 되어 비웃음을 받아서 밭을 전부 팔아 국자감생을 얻었으나 정상적인 방법이 아니니 다른 사람들에게 말할 만 하지 못합니다."

사그라든 자연에 대한 애정이 서서히 머리를 들기 시작하고 좌절이 조금씩 늘어날 무렵, 중대한 기회가 다가왔다.

1684년의 가을에서 겨울로 넘어갈 무렵, 연성공 공육기가 청해서 석문산을 나온 지 이미 2년이 된 공상임은 연성공의 부인 장씨張氏의 장례를 치르고 나서, 〈공자세가보공자世家譜〉 및 〈궐리지闕里志〉를 완성했고, 공자에게 제사 지내는 예악무생禮樂舞生들을 잘 훈련시키고 예악과 제기를 감독하고 산으로 돌아가려 했다.

이때 운명이 손가락을 한번 가볍게 튕기자, 공상임은 석문산과 18년을 이별하게 되었다. 남순한 강희제가 곡부에 와서 공자에게 제사를 지내려 하자, 재자才子인 공상임과 그의 친척 형 공상립孔尚鉝이 황제 앞에서 경전을 강의할 사람으로 추천되었다. 천자의 용안을 뵙는 것은 봉건사회 선비들이 평생에 얻기 힘든 기회인데, 황제에게 경서를 강의하게 되었으니 공상임은 갑작스런 영예와 기회에 흥분하여 마음이 부풀어 올랐다.

11월 16일, 강희제가 임이비현臨沂費縣에 막 도착하자, 공상임은 긴장하며 공묘에서 분주하게 준비했고 밤이 깊어서야 집으로 돌아가 잠을 청했다. 눕자마자 문지기가 급히 문을 두드리는 소리에 놀라 잠이 깼다. 시동 하나를 데리고 그는 바로 연성공에게 달려가 등불이 빛나는 동서당東書堂 계단 아래 포복하여 성지를 듣고, 즉시 명을 받들어 강의할 〈대학〉의 첫 구절과 〈역경계사易經繫辭〉 첫 구절의 경의經義(경서의 뜻)를 썼다. 재능이 출중하고 학식이 많은 공상임은 멈추지 않고 경의를 써내려 어느새 초가 다 녹았다. 황제의 시독학사侍

讀學士 주마태朱瑪泰가 경의 읽기를 마치고, 상임의 어깨를 두드리며 "과연 명불허전입니다"라며 감탄할 때는 이미 사경(새벽 1시~3시)이었다.

17일 오후 4시경, 공상임은 제생들을 따라 엎드려 곡부에 도착한 강희제를 영접했다. 황혼 무렵, 공상임은 곡부성 남쪽 황제 행궁의 휘장 밖에 꿇어 앉아 문안 인사를 드리고, 황제의 분부대로 강희가 손톱으로 누른 "숫자가 타당하지 못한" 곳을 일일이 다 고쳤다. 한림원 학사 손재풍孫在豐이 강의를 다 베껴 쓸 때까지 기다리니 물시계가 삼경을 가리켰다. 다시 공묘 시례당에서 돌아와 다음날 강연의 마지막 연습을 마쳤다. 밝은 촛불이 시례당의 화병을 비추었다. 화병 위에는 "두 마리 노란 꾀꼬리가 푸른 버드나무에서 지저귀고 한 줄의 백로가 푸른 하늘에서 날아가는" 그림이 그려져 있었다. 좋은 징조다! 공상임은 눈 앞이 환해지고 마음속의 충동을 억누르기 어려워 옆에 있는 공상림의 옷 소매를 가볍게 잡아당기며 몰래 말했다." 우리 둘 다 조정에 오르게 될 거예요."

흥분한 공상임은 밤새 잠에 들지 못했다. 이때, 아침 햇살이 먼저 석문산의 고독한 산 꼭대기를 비췄다.

18일은 공상임이 평생 간직할 감명을 받은 하루였다.

오전 8시쯤, 강희제는 공묘 대성전 앞에서 무릎 꿇고 세 번 머리를 땅에 닿도록 하는 절을 세 번 반복하고 공자에게 삼헌례三獻禮(세 번 술잔을 드리는 것)를 행한 후, 매백색의 도포와 석청색 겉옷으로 갈아입고, 규문각奎文閣에서 승성문承聖門으로 들어와 시례당의 어좌御座에 올라갔다. 연성공이 자손 오대를 이끌고 황제에게 세 번 무릎 꿇고 아홉 번 머리를 땅에 닿게 절하는 예를 마치고, 홍려鴻臚 명찬관鳴贊官이 위엄 있고 웅장하게 '강연'의 시작을 알리자, 공상임, 공상림이 양쪽 계단으로 들어와 엎드려 절하고, 책상 서쪽에 공손히 섰다. 공상임 먼저 책상 앞에 나와 북쪽을 보고 서서 책을 펼치고 두 개의 은자銀尺로 눌렀다. 바로 앞은 황제의 책상으로 강희제와 공상임이 남쪽을 향해 엄숙한 표

정으로 단정하게 섰고 황제 책상 위의 책도 펼쳐 두 개의 황금자로 눌러놓았
다. "대학의 도는 광명 정대한 품성을 기르고 배워서 생활에 응용하여 사람이
가장 온전한 경지에 이르게 하는 것입니다." 시례당 안에서 공상임이 자신 있
고 공손하게 강의 하여 온화하고 밝은 소리가 지붕과 기와에 스며들며 울려 퍼
졌다. 지척에서 황제가 듣고 있었다. 황제가 기뻐했고, 왼쪽에는 대학사大學士,
각부各部의 상서尚書, 내각학사內閣學士, 한림원장원翰林院掌院, 국자감제주國子
監祭酒, 태상사경太常寺卿, 태복시소경太僕寺少卿, 홍려시소경鴻臚寺少卿, 광록사
소경光祿寺少卿 및 순무巡撫 등 22명의 각료 대신이 늘어서서 들으며 적지 않은
사람들이 마음속으로 시기하며 부러워했다. 오른쪽에는 연성공 및 공, 맹, 안,
증 4개 성씨의 공을 세운 사람 35명이 늘어서서 들으며 감동하고 자랑스러워
했다.

   강희는 대성전의 정교한 이무기로 둘러 쌓인 돌기둥을 어루만지며 공상임
의 나이를 물었다. 홍무洪武, 성화비成化碑를 다 읽고, 다시 송, 금, 원의 수묘비
修廟碑를 보며, 강희제는 그에게 또 물었다. 37세면, 아이들은 몇 명인가? 황제
가 친근하게 물었다. 오후에 공림의 사당思堂 안에서 서벽비西壁碑 위에 새겨진
시를 보면서 강희제는 또 물었다. "그대는 나이가 37세인데, 시를 지은 게 있는
가?" 오전에는 목소리가 지붕에까지 울려 퍼졌던 학자는 끝내 대답하지 못하

공부 전경

고, 감동하여 황제의 발 앞에 엎드렸다.

공묘를 유람한 강희제가 공씨 가문의 유적을 다 보았는지 묻자, 공상임은 지혜롭게 대답했다. "선조의 유적은 이미 많이 무너져 황제가 보시기에는 적합하지 못합니다. 그러나 한 번 봐주시는 성은을 입는다면, 조상의 묘당은 빛이 더해지고 역사책에 기록하여 황제가 공자를 높인 아름다운 행위가 오랜 세월이 지난 후에도 기억되고 신의 가문에만 전해지지는 않을 것입니다." 강희제는 궐리를 지나며 연성공에게 시를 한 수 하사했다. "수레를 타고 동쪽 노땅에 도착해 공자의 전당에 올라 두 기둥 사이에 제기를 진열하고 높은 벽 같은 공자의 덕을 보았다."

공상임은 감탄하여 땅에 넙죽 엎드려 절하며 감사를 표했다. 예전의 제왕은 궐리를 지나며 당唐 명황明皇만이 오언율시 한 수를 남겼으나 공자가 좋은 때를 타고 나지 못해 덕이 있지만 직위가 없음을 한탄했을 뿐, 강희의 시처럼 공자의 학설에 대한 찬사가 충분하지는 못하다며 재능이 고금을 뛰어넘으신다고 칭송했다. 공림에 도착하자 강희제는 공자의 묘 앞에서 무릎을 꿇고 절을 했다. 뒤에서 같이 절하던 공상임은 마음이 온통 절하는 황제의 등에만 쏠려 쳐다보다 왕의 옷에 수선한 흔적이 있는 것을 발견하고는 "황제의 근검절약의 높은 덕을 우러러 본다", "우禹임금과 필적한다"고 칭송했다. 강희제가 공림에 점치는데 사용하는 한 묶음이 50줄기인 시초蓍草가 있는지 묻자, 영리한 공상임은 성왕의 천자의 수레가 오늘 지나갔으니 이 상서로운 풀이 반드시 자라날 것이고, 때가 되면 반드시 "서둘러 바치겠나이다"라고 답했다. 강희제가 한 그루의 커다란 나무를 가리키며 언제 심은 나무인가 하고 물었을 때는 공상임은 정말 지혜로웠다. "사람들은 도토리 나무라고 합니다."라고만 대답했다. 그러자 강희제가 웃음을 터뜨리며 말했다. "이 나무의 이름은 곡수槲樹(참나무)로, 나무 목木 변에 휘斛자를 쓴다. 짐은 호인胡人(이민족)이다. 발음이 같다고 돌려 말하지 않아도 된다(곡樗과 호胡의 발음은 모두 '후'이다)."

황혼이 내려 점차 어두워질 무렵, 강희제는 연주兗州로 떠났다. 공상임은 분향하며 조상에게 고하기를 마치고, 어머니의 무릎 아래 꿇어 앉아 이 하루 동안 일어난 꿈 같은 일들을 전했다. 아들은 울면서 말했고 어머니도 눈물을 흘리며 들었다.

11월 초하루, 이부吏部의 임명서가 곡부로 날아왔다. "공상임, 공상립은 책을 펼쳐 경을 강설하여 짐의 마음에 들었으니, 마땅히 그들을 정례에 구속됨 없이 모두 우대하여 따로 국자감 박사를 재수함이 옳다." 이전에는 국자감의 자비생 이었는데, 순식간에 국자감 교수가 되었다.

이듬해 2월 초 이렛날, 막 취임한 공상임이 국자감의 이환당彝倫堂 서쪽 계단에 설치된 높은 강단에서 섰다. 종과 북 소리가 울리는 가운데 강단 주위를 둘러싼 수백 명의 팔기八旗 15성省의 만주족과 한족 제자들이 경건하게 강단 위의 공상임을 향해 세 번 절하고, 성인의 후예의 가르침을 들었다. 황제의 국자감 강단에 높이 선 공상임은 득의 양양한 한편으로, 곡부에 있는 민간의 행단과 관직 없는 평민이었던 2천년 전의 조상 공자를 한번 방문해야겠다는 생각을 하지는 않았을까?

생각해 볼만 한 것은 성은이 망극하던 시절에도 석문산이 여전히 완고하게 황제와 줄다리기를 하고 있었다. 일전에 황제의 은혜에 크게 감격하여 울던 공상임은 〈출산이수기出山異數記〉의 말미에 이런 글을 적었다. "이 처우는 내가 얻기에 마땅치 않은 것으로 죽을 때까지 개와 말처럼 황제에게 보답할 것이다. 단지 꿈에서도 이전의 산을 잊지 못해 언젠가는 산의 고독한 소나무를 다시 어루만지고 싶다. 석문산에 영혼이 있다면 나를 거절할 것인가, 아니면 반겨줄 것인가?"

국자감의 높은 강단에서 몇 번의 영광을 맛보자 공상임은 이것이 외롭고 궁핍한 별 볼일 없는 일이라는 생각이 들었다. 황제는 너무 멀었고, 자신의 막 뜨거워진 공명에 대한 포부로부터는 더욱 멀었다. 그는 황제와 함께 온 하루를 같이 보내며 호감을 샀었고 그는 심지어 황제가 분명히 마음속에 그를 중용하고자 하는 마음을 품었을 것이라고 생각했다. 공묘의 시례당에서 경전 강의를 마치고, 내각대학사內閣大學士 왕희王熙조차 그를 손님의 예로 대하며 두 손을 모아 인사하며 축하했고 그가 여러 신하들보다 뛰어나 앞날이 창창하다고 말했었다. 그러나 지금은 고작 선생이라니 7개월이 못 되어 그는 불만이 생겼다. "경성에서 좋은 시절을 보내니 호화롭다. 한가한 관원이 차가운 관서에서 홀로 배회한다. 올해 장안의 가을 빛이 막 보이는데, 근심에 쌓인 나는 산당에 있으니 외로운 그림자가 더욱 고독하다."(《중추대월中秋待月》)

그는 끝내 이 '한직'을 벗어날 수 있게 되었다. 1686년 7월, 1년 반 동안 박사를 지낸 공상임은 명을 받들어 공부시랑工部侍郎 손재풍孫在豐을 따라 양주揚州로 남하하여 황하의 물길을 정비했다. 그러나 하서河署의 관리들은 유흥에만 탐닉했고, 관리 사회는 암투가 극심해 서로 상소를 올리는 일도 발생했고 공사는 엉망이 되었다. 순식간에 4년이 지났다. 강과 호수와 바다 사이에서 떠도는 생활은 매우 힘들어서 굶주리고 돈을 빌려야 할 때도 있었다. 공상임은 그 때의 심정을 "황제의 성은에 보답하고 싶지만 그러지 못하고, 오吳땅의 침침하고 쌀쌀한 날씨 속에 시간만 흘러간다"라고 표현했다. 출세하고자 하는 마음이 점차 시들어 갈 때, 일전에 그에게 삶의 기쁨을 주었던 석문산과 그곳에서 구상한 〈도화선桃花扇〉을 종종 떠올렸다. 이 때, 명 대의 왕릉을 보고, 명 대의 문인들을 방문하고, 명 대의 유적지를 찾아 다니며 〈도화선〉의 인물들이 구체적으로 살아나기 시작했다.

호수와 바다 사이에서 방랑하던 4년 간 그는 시집 〈호해집湖海集〉을 펴냈고, 북경으로 돌아와 여전히 국자감 박사를 맡은 공상임은 북경 선무문宣武門 밖의 해파사海波寺(파도) 거리에 살게 되었으니 그는 언제나 요동치며 멈추지 않는 '물'을 떠나지 못했다. 공상임에게 있어 이 바다는 기쁨을 침몰시키는 관리 사회의 거친 바다일 뿐이었다. 바위처럼 그에게 안정감과 기쁨을 주었던 석문산을 그리워하는 마음이 점차 커져가자 그는 사는 곳을 '암당岸堂'이라고 부르며 산에 대한 그리움을 풀었다.

눈 깜짝할 사이에 북경에 온 지 10년이 되었고, 48세가 된 공상임의 머리는 이미 서리 같은 백발이 무성했지만 관직은 아직도 국자감 박사였다. 황제는 그를 소홀히 대했고 잊어버린 듯 했다. 과거를 회상하자 실망과 막막함, 약간의 처량함마저 몰려왔다. 그는 참지 못하고 칠언절구 〈국자감 박사청博士廳〉를 써서 원망하는 마음을 표현했다. "빈 관아의 홰나무에 지저귀는 참새들, 십 년 동안 양탄자는 헤지고 백발만 더해졌네. 성 밖의 봄이 얼마나 깊었는지도 모르고, 박사청 앞에 늙은 냉이 꽃 같구나." 참새 같은 신임 관리들이 새로운 가지에 떠들썩 했으나, 반백의 이 늙은 냉이 같은 사람을 기억하는 사람은 없었다. 다시 오 년이 지나 53세가 된 1700년에야 겨우 7품 박사에서 6품 호부戶部 광동청사원외랑廣東淸司員外郎으로 승진했다. 하지만 두 달도 못되어 관직을 그만 두게 되었는데 실제로는 파면된 것이었다.

이 때의 공상임은 분명 자신의 조상 공자를 떠올렸을 것이다. 그 노인도 가슴 가득 세상을 구하려는 열정을 품고, 관직을 얻어 실제로 응용하기 위해 긴 벼슬길에 발을 내딛었지만, 14년 간 열국을 주유한 끝에 낙심하여 초야로 돌아왔다. 이십여 세기가 지나 그의 64대손 공상임도 역시 세상을 구하려는 열정을 품고 관직과 임용의 긴 길을 걸으며 수도에서 16년을 머물렀다.

시간의 물결 속에 공상임이 북경에 남긴 발자국은 거의 지워졌지만, 그의 영혼의 궤적은 자기의 시문에 특히 〈도화선〉 중에 새겨졌다.

조정의 낭떠러지는 그렇게 가파르고 험준하여 국가를 위해 공훈을 세우고 업적을 쌓아 역사에 이름을 남기고 싶은 격정은 차례차례 부서져 가루가 되었다. 그러나 그는 열정이 넘치는 강이기에 흘러야만 했다! 인정, 충성, 따뜻함에 대한 갈망은 이 영하에 가까운 물줄기를 데워 열정으로 끓어넘치게 했다. 청년 시절의 연애는 점점이 붉은 단풍처럼 스산한 인생의 가을에 온기를 더해 주었다. 한 여자에 대한 사랑이 그의 황량한 가슴을 가득 채웠다. 이 여자는 아름답고 재능이 있는 정이 많고 덕스러운 진회秦淮의 이름난 기녀 이향군李香君으로 석문산에서 잘 알고 지내던 사이였다.

따분한 낮이던 무덤처럼 적막한 깊은 밤이던 그는 명 대 말기 복사의 문인 후방역이 되어 재능이 뛰어난 한 여자에게 세상에 둘도 없는 깊은 사랑을 받았다. 후방역의 고국을 잃은 절망과 자기가 황제에게 냉대받는 좌절은 이미 하나로 합쳐졌고, 이 여자의 깊은 애정으로 위안과 평안을 얻었다.

뜻을 펴지 못하는 슬픔과 삶의 숙명에 대한 탄식을 모두 그녀에게 다 호소하고 털어놓았다. 그는 그녀를 통해 혼탁한 세상 속의 고결함을 보았고, 처지에 따라 대우가 변하는 야박한 세태 중 보기 드문 진정성을 느꼈다. 그녀는 그가 세상에 편입하여 세상의 속된 기운을 닮아가는 자신의 모습을 깨닫게 해줬다. 그녀는 모든 생명을 애정을 위해 바쳤다. 가난하고 고생스럽던지, 영화와 부귀를 누리던지, 심지어는 감옥에서 죽는다 해도 그녀의 애정을 움직일 수 없었다. 새하얀 비단 부채 위의 복숭아꽃은 바로 그녀의 붉은 피가 물든 것이었다. 이향군이 사랑을 지키기 위해 탁자 모서리에 머리를 박아 목숨을 바쳐 크고 작은 관리들을 부끄럽게 했다. 이 도화선이 그의 마음속에 놓여져 있으면, 권력조차도 그를 철저히 무너뜨릴 수 없었다.

사람들은 전혀 알아채지 못했다. 감정이 풍부한 이향군과 석문산이 공상임의 생명 속에서 이미 하나로 합쳐져, 그의 생명을 지탱하고 윤택하게 만드는 산수가 되었다.

60년 후, 청 대의 또 다른 상심한 문인 조설근曹雪芹이 자신의 처량하고 쓸쓸한 생명을 교외의 황량한 들판과 그가 사랑한 임대옥 등 한 무리의 정이 많은 여자의 품에 쏟아냈고 동시에 한 천재 문인의 비참한 운명으로 위대한 〈홍루몽紅樓夢〉을 써냈다.

이미 벼슬길에 올라선 공상임은, 빠르게 회전하는 크고 잔혹한 수레바퀴에 뛰어들어 휩쓸리고 뒤섞여 삶의 즐거움과, 정신의 자유, 인격의 독립성을 상실했다.

그는 상처로 얼룩진 영혼을 매만지며 몸서리 쳤다. 이전에 갖고 있던 고귀하고 숭고한 열정이 부패한 관리 사회에서 고통스럽게 마모되어 나날이 저열하고 비루해지는 사림士林의 풍토에 물들고 있었다. 그는 비록 이미 2천 년간 계속된 이 비극을 꿰뚫어 보지는 못했지만, 생생한 현실은 명확하게 보았다. 위풍당당한 호랑이가 작은 고양이로 변하고 넓은 하늘을 누비는 독수리가 냄새나 쫓는 파리로 변하고 있었다. 변하지 않으면 죽임을 당할 뿐이었다.

그는 이 거대하고 잔혹한 체제 속에 뛰어들었고 벗어날 수도 없었다. 군주에 충성하고, 명예와 지조, 공명을 얻어, 가문과 조상을 빛내며 금의환향하여 역사에 이름을 남기는 것이 오랫동안 수많은 지식인의 이상과 필생의 추구가 되었다. 이런 토양 중에서 나고 자란 공상임이 어떻게 세속을 벗어날 수 있었겠는가? 개성과 전통, 개인과 국가, 자유와 제도, 이상과 현실, 계승과 반역, 모순된 사실이 모순된 성격을 만들어냈다. 실의한 공상임은 고통스러웠다. 고통스러웠지만 한편으로는 황제를 그리워하면서 큰 그림

孔子의 고향 곡부를 만나다

을 다시 펼칠 수 있기를 기대했다.

강희 23년 11월 18일, 이 날은 뼈에 새기고 마음에 새긴 영원히 잊지 못할 하루였다. 그 날, 황제는 그의 나이를 세 번 물었을 뿐만 아니라 그가 올린 4개의 상소문을 승인했다. 황제는 공림과 공묘를 지키는 백호관百戶官을 설치했고, 성 동쪽 문헌천文獻泉의 물을 공묘에 대고, 주공周公의 후손이 관직을 세습하게 하고 공림의 규모를 확장토록 했었다. 덕주德州에서 배를 타고 수도에 들어올 때는 창에 기대 수염을 쓰다듬으며 배웅하던 공상임을 향해 그만 집에 돌아가라고 말했었다. 오 년 후, 두 번째로 남순南巡한 강희제가 금산강金山江 입구에 마중 나온 군신과 많은 백성 중에서 공상임의 이름을 불러 배에 오르게 해 술과 음식 한 상자, 과일과자 네 접시를 하사하지 않았던가? "강물 가에 엎드려 황제의 가마를 영접하며 황제를 모시는 신하들이 나를 향해 손을 흔들어 배에 오르게 했다. 호수와 바다를 순시하며 고생하여 초췌해진 것은 불쌍해 할 만하다. 다시 편안히 황제를 뵐 수 있으니. 술자리가 끝날 때 둘러싼 백성을 보니 받든 금잔에 두 눈이 어지럽다. 삼 년간 거친 음식을 먹어 위장은 이미 익숙해졌는데, 오늘 귀한 음식을 배불리 먹으니 눈물이 그치지 않는다", "가장 영광스러웠던 것은 무리 속에서, 황제가 기쁘게 나의 이름을 부른 것이었다."(공상임, 〈호해집湖海集〉) 공상임이 당시를 읊은 시구에는 10년 전의 정경이 눈 앞에 보이는 듯 하다.

아마도 황제가 너무 바빠 잠깐 자기를 잊었을 것이다, 소인배가 헐뜯는 말로 진실을 가려도 시간이 지나면 황제는 알아챌 것이다라고 생각하면서 파직당한 공상임은 긴 세월 그리워하던 석문산으로 바로 돌아가지 않았고, 또 돌아갈 마음도 없었다. 80살 고령의 노모도 아들을 그리워하고 있었지만, 그는 주저하며 수도에 머물며 황제가 불러주기를 간절히 기다렸다. 일년이 지났지만 아무 기색도 보이지 않았다. 식견이 있는 친구는 일찍 돌아가라고 넌지시 권고했다.

"예나 지금이나 인생에는 부침이 있다. 추억을 어찌 이겨낼 수 있겠는가, 그대가 고향으로 돌아갈 수 있는 것이 부러울 따름이다."(《서곡시집恕谷詩集》)

파면 당한 후 돌아간 고향에는 옛 친구들이 몇 남지 않았다. 생계가 막막하여, 하루가 일 년을 보내는 것 같았던 공상임은 기다리면서 고통을 견뎠다. 또 한 번의 쓸쓸한 가을이 왔다. 성인의 후예는 덕주德州로 가서 자기의 직속 상관이었던, 병에 걸려 집으로 돌아간 호부시랑戶部侍郎인 전문田雯을 찾아가 자기를 위해 변명을 해줄 것을 부탁하려 했다. 그러나 문전박대를 당했고 그의 가족들은 이 초라한 사람에게 예의를 갖추지도 않았다. 실망하여 돌아온 성인의 후예는 북경 옥하玉河 언덕 곁의 새 집으로 돌아왔으나 만리를 쏘다닌 듯한 여정에 몸과 마음이 지칠 대로 지쳐 말에서 내리기도 어려울 정도였다.

겨울이 되었다. 빈털터리가 된 성인의 후예는 비참한 지경까지 떨어졌다. 북경의 겨울은 몹시 추워서 아침에 물을 길면 튼 손이 우물 바가지에 얼어붙었다. 한 달에 끼니를 굶은 것이 9번쯤 되었던가? 배를 쫄쫄 주리니 하루가 일 년 같아 서둘러 잠자리에 들었다. 삭풍이 밤새 불었고, 얼음이 옥하의 오열의 틀어 막았다. 낡아빠진 이불로 장작처럼 마른 몸을 덮었다. 굶주림과 추위에 시달리던 공상임은 낡은 천정에서 쥐가 뛰어다니는 소리에 밤새 잠을 못 이뤘다. 55세의 그는 버려진 헌신짝 같았다. 눈물이 조용히 떨어져 반백의 귀밑머리를 적셨다. 그는 그에게 이해와 위안을 보내주던 이해심 많던 석문산을 수도 없이 떠올렸다. 눈물이 그치자 그리움이 냇물처럼 흘러 들었다.

늦은 겨울, 해직된 후 북경에서 체류하며 기다리던 2년 동안 공상임은 철저하게 실망했다. 몸과 마음이 모두 피로해진 말년에 그는 행장을 꾸려 떠나기로 결심했다.

북경을 떠나면서도 그는 아쉬워하며 말을 세우고 돌아보았다. "여기서 산지 이미 18년이 되었다. 고개를 돌려 궁궐을 바라보니 눈물이 얼굴에 가득하다. 시인은 정이 많은 나그네로 고향을 그리워하는 마음은 보통 사람과 똑같다."(공상임, 〈출창의문出彰義門〉)

강희제가 5차 남순하여 제녕을 지나갈 때, 석문산에 다시 은거한 지 이미 3년 된 공상임은 또 산을 나와 연성공 공육기와 함께 황제를 맞이하며 다시 부름을 받기를 기대했다. 그러나 황제는 더 이상 그를 상대하지 않았고 그를 백성으로 내쳐 이 산수와 황제 사이에서 배회하며 모순과 고통으로 가득 찬 성인의 후손을 다시 한번 길게 탄식하게 했다. "집에 돌아가니 몹시 가난하여 여전히 춥다. 사마상여가 한무제를 만났었다는 것을 누가 믿겠는가?"(공상임, 〈투손야친가송처사投孫埜親家宋處士〉).

그의 물처럼 땅에 쏟아진 세월을 누가 아까워하고, 그의 결국 물거품이 된 웅대한 뜻을 누가 이해하며, 그의 슬프고 괴로운 심정을 누가 알겠는가? 그러나 천리 밖의 석문산은 그를 간절히 기다리고 있었다.

"마구를 정리하고 자주 머리를 창 밖으로 내민다. 채비를 마치고 다시 침대에 눕는다. 오늘은 정말 고향 산으로 돌아가야지, 말에 올라 급하게 채찍을 휘두른다."(공상임, 〈귀거歸去〉)의 "급하게"라는 말은 결별과 귀향을 의미한다.

석문산은 결국 공상임의 마지막 귀착지가 되었다. 그가 71세가 되어 인간 세상을 떠날 때, 석문산에게 깊이 감사하는 마음을 품었을 것이다. 석문산이 실의와 고통에 빠져있는 그를 거두어, 그의 인생 여정 중의 마지막 16년 동안 이전에 잃어버렸던 삶의 즐거움을 되찾게 했다.

공상임은 황제가 자기를 왜 냉담하게 대했는지 끝내 알 수 없었을 것이다. 어떤 사람은 〈도화선〉이 시기에 맞지 않았기 때문이라고 했고, 어떤 사람은 황제가 그를 강물과 호수를 치리하라고 보낸 것은 밑바닥에서부터 단련시켜 돌아오면 중용하려 했던 것인데 뜻밖에도 그가 남명의 남은 선비들과 광범위하게 교제하며 시와 술에만 탐닉했다고 말한다. 어쩌면 이 모든 것이 원인이고, 어떤 것은 직접적인 원인이었을 것이다. 그러나 나는 가장 근본적인 원인은 예민한 강희제가 공상임에게서 '성은'으로도 제어할 수 없는 삶의 즐거움, 즉 호랑이가 깊은 산 속에서 포효하고, 독수리가 넓은 하늘을 비상하며, 물고기가 호수와 바다에서 헤엄치는 즐거움을 감지했기 때문이라고 생각한다. 이런 즐거움이 부르면 비록 생명을 대가로 바치더라도 호랑이는 울타리를 넘어뜨리고, 독수리는 철로 만든 우리를 부딪혀 깨뜨리며, 물고기는 그물을 뚫을 것이다. 호랑이가 고양이처럼 애교를 부리게 하고, 독수리가 앵무새처럼 말을 배우게 한다면 그것은 얼마나 가혹한 형벌이겠는가! 역사를 뛰어 넘어, 나는 수도와 석문산 사이에

孔子의고향곡부를만나다

만고장춘방萬古長春坊

서 흐르던 그 공상임의 마음의 강을 건너 본다.

공상임의 아버지인 공정판孔貞璠은 명 대에 향시에 합격한 거인擧人으로, 청나라에 대항했었고, 박학하고 재능이 많으며 절개를 숭상하여 청 왕조가 들어서자 부모를 봉양하며 벼슬을 하지 않았다. 그런 그가 아들에게 영향을 주지 않을 수 있었겠는가? 공상임과 부친의 친구 목피산객木皮散客 고응총賈應寵의 관계를 통해 그의 영혼의 깊은 곳을 볼 수 있다. 고응총은 온 세상을 놀라게 한 사람이다. 그는 손에 북과 나무 판을 들고, 설창說唱과 고사鼓詞로 유림儒林에 우뚝 섰다. 공공연하게 요순堯舜을 포함한 역대 훌륭한 임금들을 비웃고 욕하며 그 가면을 벗겨냈다. 향촌에서 받아들이지 못할 정도로 심해서 공씨 가족에 의해 곡부에서 쫓겨났다. 바로 이런 사람이 공상임과 나이를 초월한 친구가 되었고, 상임은 그의 세상을 놀라게 할 만한 이론에 동의했고 그를 위해 마음을 담아 간략한 전기인 〈목피산객전木皮散客傳〉을 써주었다.

청 왕조에서 벼슬을 하지 않은 명 대의 선비들과 교제한 것을 보면 공상임의 독립적이고 세속을 초월한 품성이 드러난다. 명 대의 선비이자 시인인 두준杜濬은, 그의 저서가 청 왕조에 의해 소각되어야 할 금서로 지정되었고, 부인이 아들을 낳은 지 삼 일도 채 지나지 않았지만 입에 풀칠하기 위해 침대를 팔아야 할 정도로 가난했지만, 청 왕조에 고개를 숙이지 않았고 집권자들에게 문전 박대를 당했다. 바로 이렇게 대신을 멸시하며 기세가 힘차고 출중했던 사람이, 76세의 고령으로 몸소 공상임이 양주에 정박한 배에 올라 해가 질 때까지 술을 마시며 흉금을 털어 놓았다. 특히 청 왕조의 부름을 여러 번 거절한 강남의 명사名士 모벽강冒闢疆, 덕성과 명망이 높았으나 77세의 고령에도 300리 밖의 홍화興化에 와서 공상임과 30일을 같이 지내며 공상임이 구상 중이던 〈도화선〉, 남명 홍광弘光 시절의 일들과 그가 잘 알던 후방역侯方城과 이향군에 대한 이야기를 나눴다. 성인의 후손과의 교제가 가능 했던 것은 그들의 전통 문화에 대한 이해와 추억 때문이기도 했지만, 기본적으로는 공상임과 그들의 "사람에게 허리를 굽히지 않는" 절개와 인격 상의 동질감 때문이었을 것이다.

음율에 정통했던 공상임은 감정이 넘치고 섬세한 사람이었다. 그는 푸대접 속에 쓴 술을 마시면서 연이어 세상에 잊혀진 4개의 악기를 사들였다. 한漢 대의 옥 피리玉羌笛, 당唐 호금胡琴 소호뢰小呼雷, 남송南宋 내부內府의 비파 대해조大海潮와 명明대 궁중 비파 소선음小蟬吟을 사들여 매만지며 수리하고 연주하며 마음을 쏟아 자기의 벼슬길에서는 드러내지 못한 감정을 의탁했다. 그는 이 악기들의 바닥 모를 쓸쓸함을 이해했고, 깊이 감춰진 슬픈 노래를 들었다.

하지만 진정으로 억눌리고 울적한 마음을 활짝 펴주는 것은 〈도화선〉 창작에 대한 집중이었다. "어질고 재능 있는 사람은 종종 처지가 어렵고, 어질지 못하고 재능 없는 사람은 오히려 형통한다"는 고뇌(한유, 〈여최군서與崔羣書〉)를 모두 극중 인물의 기쁨과 슬픔, 이별과 만남속에 풀어냈다. 고통을 붓 끝에서 폭포와 좋은 술로 바꾸어 자신과 세상 사람들의 분노 위에 끼얹자, 행복한 상쾌함이 마음에서 흘러 넘쳤다. 1699년 6월, "15년 고된 벼슬길에 아무 성과 없던" 공상임은 10여 년을 고심하고 원고를 세 번 고친 끝에 걸작 〈도화선〉을 완성했다. 이 장편 역사극은 명 왕조의 멸망부터, 케케묵은 제도와 부패한 관료를 고발하고, 애정에 충실하고 절개를 중시하며 재능과 외모가 모두 출중하여 남자들보다 뛰어났던 진회 기녀의 빛나는 형상을 빚어냈고, 거기에 더해진 약간의 비극적 결말과 아주 높은 예술적 가치로 즉시 조정과 민간을 뒤흔들었고, 시정에서 소문이 나서 많은 관리들이 앞다투어 베껴 쓰며 "일년 내내 하루도 쉴 틈이 없는" 상황을 연출했다.

제4장
곡부의 인물

이는 지식인을 경계하던 봉건 통치자의 경각심을 불러일으켰다. 그 해 가을날 어느 밤에 환관이 강희제의 명령을 받고 급히 〈도화선〉을 찾았다. 공상임은 다급하게 친구 집에서 사본을 얻어 한 밤중에 진상했다. 시간이 지나고 공상임은 영문도 모른 채 영원히 파면되었다.

〈도화선〉은 석문산에서 잉태되어 강호에서 자라나고 북경에서 태어났다. 도화선의 작가는 석문산에 숨었고, 석문산을 떠났다가 다시 석문산으로 돌아갔다.

황제와 자연은 모두 중국의 지식인과 풀기 어려운 인연으로 얽혀 그들의 몸에 깊은 낙인을 남겼고, 그들의 이중적인 성격과 모순되고 고통스런 삶을 만들었다. 다행히 중국의 지식인과 자연의 인연은 원시적이고 또 깊어서, 황제의 영향이 얼마나 길고, 보편적이고, 폭력적이던지 관계없이 근본적으로 자연은 중국 지식인의 영혼 깊은 곳에서 공명을 일으키고 있다. 사람은 대자연의 일부분으로, 날 때부터 대자연의 모반을 갖고 태어나기 때문이다.

이렇게 태어날 때부터 이어진 자연과의 인연은 공자에서부터 공상임까지 일맥 상통한다고 할 수 있다. 공자는 증점曾點(공자의 제자)과 자기의 지향이 같다고 감탄하며 말했었다. 증점의 지향은 이렇다. "늦은 봄에, 겨울 옷을 벗고 봄 옷으로 갈아입고, 대여섯 명쯤의 어른과 예닐곱 명의 아이들을 모아서 근심 없이 이수에 가서 신나게 물놀이를 하고, 그 다음에는 무우대에서 시원하게 바람을 쐬고, 다 놀면 흥겹게 노래를 부르며 집으로 돌아오고 싶습니다."(〈논어·선진〉) 성인이란 이렇게 일상 생활을 이해하고, 삶의 평범함을 즐길 줄 아는 사람이다. 이전에 공상임이 누볐던 석문산은 지금 가장 높은 곳에 크게 '돌아올 귀歸' 자를 새겨 놓고 나그네를 향해 돌아오라고 정겹고도 길게 외치는 것만 같다.

유구한 중국 봉건사회가 끝내 그 무거운 막을 내릴 때, 17세기 중엽부터 18세기 초엽에 살았던 이런 몇몇 지식인은 자신의 무겁고도 기구한 삶으로, 이 불합리한 사회를 위해 정사正史가 제공할 수 없는 증거를 남겨 놓았다. 이 지식인들은 공상임, 포송령蒲松齡, 홍승洪昇으로, 각각1648년, 1640년과 1645년에 태어났고, 각각 1718년, 1715년과 1704년에 죽었다. 그들은 모두 고통을 견디며 긴 시간 황제에게 충성하고 벼슬을 쫓다 버림 받았으며 모두 좌절과 회복을 반복하며 발버둥치다 산수와 초야로 돌아가 위대한 불후의 작품을 남겼고 결국에는 모두 궁핍함 속에서 죽었다.

봉건 왕조는 결국 멸망했고 산수와 초야만 오손도손 살고 있다. 황제와 산수 사이에서 갈등하던 가난한 세 문인은 아마도 자신과 작품이 산수와 초야의 기억 속에서 어떤 오만한 황제보다, 심지어는 전체 봉건사회보다 더 오래 살아남을 줄은 몰랐을 것이다.

제4장
곡부의 인물

발 문

 곡부는 공자로 인해 중국에서 상징적인 의미를 갖게 된 지역이다. 공자의 고향인 곡부는 중국 유가 문화의 발원지이자, 중화 민족 전통 문화의 근원지이다. 다양한 세계 문화가 몰려드는 이 시대에 우리는 마땅히 옛 것을 계승하며 미래를 개척하는 마음으로, 또 계승하고 반성하는 마음으로 곡부에서 출발하여 세계로 나아가고 미래로 나아가야 한다.

The Birthplace of Chinese Confucian Culture—Moncius's Hometown Zoucheng

By © 李木生 (Li Musheng)

Original Chinese language edition published by

山东美术出版社 (Shandong Fine Arts Publishing House Co., Ltd.) Copyright © 2019

All rights reserved.

Korean copyright © 2020 by 國學資料院 (KOOKHAK Co., Ltd.),

Korean language edition arranged with 山东美术出版社

이 책의 한국어판 판권은

저작권자인 Shandong Fine Arts Publishing House와 독점 계약한 국학자료원 새미(주)에 있습니다.

저작권법에 의해 한국 내에서 보호를 받는 저작물이므로 어떠한 형태로든

무단 전제와 무단 복제를 금합니다.

## 공자孔子의 고향

# 곡부曲阜를 만나다

초판 1쇄 인쇄일 | 2020년 10월 15일
초판 1쇄 발행일 | 2020년 10월 22일

지은이 | 리무성
옮긴이 | 허수현, 왕장강
펴낸이 | 정구형
편집/디자인 | 우정민 우민지
마케팅 | 정찬용 정구형
영업관리 | 한선희 김보선
책임편집 | 우민지
인쇄처 | 으뜸사
펴낸곳 | 국학자료원 새미(주)
　　　　등록일 2005 03 15 제251002005000008호
　　　　경기도 고양시 일산동구 중앙로 1261번길 79 하이베라스 405호
　　　　Tel 02 442 4623 Fax 02 6499 3082
　　　　www.kookhak.co.kr
　　　　kookhak2001@hanmail.net

ISBN | 979-11-90988-73-5 *03910
가격 | 14,000원

* 저자와의 협의하에 인지는 생략합니다.
　잘못된 책은 구입하신 곳에서 교환하여 드립니다.
　국학자료원·새미·북치는마을·LIE는 국학자료원 새미(주)의 브랜드입니다.
* 이 도서의 국립중앙도서관 출판예정도서목록(CIP2020036976)은 서지정보유통지원시
　스템 홈페이지(http://seoji.nl.go.kr)와 국가자료공동목록시스템(http://www.nl.go.
　kr/kolisnet)에서 이용하실 수 있습니다.